SIGMUND FREUD

ARQUITECTURA DE UN MITO

ENRIQUE SARASA BARA

Copyright © EDIMAT LIBROS, S. A.
C/ Primavera, 35
Polígono Industrial El Malvar
28500 Arganda del Rey
MADRID-ESPAÑA
www.edimat.es

ISBN: 84-9764-558-8
Depósito legal: M-25124-2005

Colección: Grandes biografías
Título: Sigmund Freud. Arquitectura de un mito
Autor: Enrique Sarasa Bara
Coordinador general: Felipe Sen
Coordinador de la colección: Juan Ernesto Pflüger
Diseño de cubierta: Juan Manuel Domínguez
Impreso en: Artes Gráficas Cofás

IMPRESO EN ESPAÑA – *PRINTED IN SPAIN*

PRÓLOGO DEL AUTOR

En su ensayo *Una dificultad del psicoanálisis* (1917) Sigmund
Freud comentaba que al ocuparse «de la explicación y la supresión
de las llamadas perturbaciones nerviosas» y hallar «un punto de
ataque (...) en la vida instintiva del alma» su psicoanálisis había
infligido a la megalomanía del hombre una herida imborrable que
iba a cambiar para siempre la orgullosa percepción que hasta
entonces éste había tenido de sí mismo. Freud, en una actitud sin
duda arrogante, consideraba haber tomado el testigo de aquellos
investigadores que habían despertado a la humanidad del sueño
narcisista en el que ésta se había sumido; si Copérnico había originado la primera fisura en la vanidad del ser humano tras apartar
a la Tierra del centro del Universo y Darwin había acabado con la
imagen idealizada que el hombre se había construido para apar-
tarse de los demás animales, Freud, por su parte, iba a provocar «la
ofensa más sensible» tras demostrar que el hombre ni siquiera era
«dueño y señor en su propia casa» («Confías en que todo lo que
sucede en tu alma llega a tu conocimiento, por cuanto la conciencia se encarga de anunciártelo. (...) [pero] una cosa es que algo
suceda en tu alma y otra que tú llegues a tener conocimiento de
ello.»)

La cimentación de las teorías psicoanalíticas vino acompañada
de una idealización propagandística de la imagen de Freud destinada a ensalzar sus logros y a ocultar sus faltas. El extendido
retrato que le muestra recibiendo los embates de un mundo atrapado por sus arcaicos prejuicios morales forma parte del mito que
el creador del psicoanálisis tejió y destejió a lo largo de su vida.
Freud exageró y tergiversó las verdades de todos los acontecimientos que le rodearon, magnificó su lucha y presentó la consolidación

del psicoanálisis en el mundo como una gesta comparable a la que habían realizado los personajes más importantes de la ciencia. Pero como nuestras verdades se hallan indisolublemente unidas a la arquitectura de nuestra existencia, el carácter subjetivo de cada verdad permite que se configuren tras nuestras acciones las más contradictorias respuestas por parte de todo aquello que sea ajeno a nuestro yo. Las reacciones que desata el incansable buscador de la «verdad» que pretendió ser Freud parecen corroborar esta afirmación. A Freud se le ha calificado, entre otros muchos apelativos, de libertador de la cárcel moral del hombre, de genio iluminado y de médico que encontró la vía para la curación de los males del alma; pero también se le ha considerado, con igual intensidad, un embaucador que tergiversó las pruebas y los resultados de sus historiales clínicos, que incluso plagió algunas de las ideas de sus mejores discípulos y que construyó una gran mentira basada en la propaganda y en la difamación de sus adversarios.

Equivocadas o no, las teorías freudianas han ejercido una influencia indiscutible sobre la sociedad occidental. Al poner en contacto al individuo con las complejidades internas que cabalgaban en su pensamiento, Freud consiguió que el hombre del siglo XX se fijara en sus apetitos e inapetencias, en su sexualidad y en la máscara con la que ocultaba a sus semejantes su auténtico rostro.

La psicología, la filosofía moral, la historia de las civilizaciones, la antropología o la teología han sido algunos de los campos en los que ha cristalizado la metodología psicoanalítica. Pero no sólo sus teorías pertenecen al campo académico, hoy día conceptos como «yo», «ello», «superyo», «narcisismo» o «Complejo de Edipo» han penetrado igualmente en el pensamiento popular. La facilidad interpretativa de las teorías freudianas, su irresistible influjo y el atractivo simplismo de sus silogismos, que parecen explicar bajo concepciones indiscutibles y poderosamente eficaces el motor del comportamiento humano, permitieron la rápida difusión de sus teorías entre una sociedad desconcertada y necesitada de nuevas respuestas.

Freud pretendió demarcar el comportamiento del hombre construyendo un sistema científico de raíces positivistas basado en el racionalismo (de allí el atractivo que su metodología ofrecía para las ciencias sociales, siempre deseosas de adquirir cierto prestigio científico) que establecía la predominancia que la mente tenía sobre el cuerpo. Lo que hizo Freud, en consecuencia, fue invertir el sistema fisiológico que hasta entonces había predominado en occidente, sin renunciar, por tanto, a la posición determinista de su tiempo. Sin embargo, para su sorpresa, sus teorías fueron reivindicadas también por los movimientos neorrománticos (también denominados «irracionalistas» o «antiintelectuales») que surgieron al finalizar el siglo. No olvidamos tampoco que manifestantes de las corrientes artísticas surrealistas (entre los que cabe destacar a Dalí) manifestaron que obras como *La interpretación de los sueños* habían constituido el alimento básico de su inspiración. Las múltiples interpretaciones de sus teorías provienen del carácter ambiguo de sus afirmaciones; con ellas se han validado tanto los sentimientos más utópicos (la visión de Freud como un hombre que dio una metodología capaz de liberar a los hombres de las cadenas que les habían esclavizado en el pasado) como las acciones más amorales (al subordinar el libre albedrío y la moral al poder de los instintos del hombre, Freud llega a afirmar que los sistemas éticos o la cultura son meros efectos de las incontrolables fuerzas internas de los individuos).

Emprender una biografía sobre Sigmund Freud no resulta tarea fácil; las luces y las sombras que genera su figura acompañan su vida con tal ambigüedad que el investigador de sus pensamientos se halla en medio de tesituras y encrucijadas de las que resulta espinoso escapar. Tampoco el creador del psicoanálisis estuvo dispuesto a ayudar en ningún momento a sus biógrafos; en una carta dirigida en 1885 a su prometida Martha Bernays, en la que demostraba sus pertinaces anhelos de fama y gloria, Freud hacía el siguiente comentario: «He culminado uno de mis propósitos, el cual habrá de lamentar cierto número de desdichadas personas que aún no han nacido. Como no creo posible que supongas a qué clase de gente aludo, te lo diré: se trata de mis biógrafos. He destruido todas las notas correspondientes a los últimos catorce años, así como la correspondencia, los resúmenes científicos y los manuscritos de mis artículos. (...) No podría haber entrado en la madurez ni podría haber muerto sin preocuparme pensando en qué manos caerían. (...) En cuento a los biógrafos, allá ellos. No tenemos que darles todo hecho. Todos acertarán al expresar su opinión sobre "la vida del gran hombre", y ya me hace reír el pensar en sus errores». Cuando décadas después descubrió que su estimado y admirado amigo Arnold Zweig se proponía escribir una biografía sobre él, intentó disuadirle de su idea con las siguientes palabras: «Todo el que se mete a biógrafo adquiere un tácito compromiso a decir mentiras, a ocultar cosas, a ser hipócrita y adulador e incluso a esconder su propia falta de comprensión, pues la verdad biográfica jamás puede desvelarse del todo, y aunque esto se lograra, no habría posibilidad de emplear la información obtenida». Sin embargo, por muchos fallos que se puedan cometer y por muchas verdades que se oculten al conocimiento del investigador, conviene conocer la biografía del creador del psicoanálisis para esclarecer las motivaciones que rigieron sus personales teorías. Aunque Freud intentó construirse una imagen idealizada y heroica de sí mismo, no siempre presentó en su vida esa seguridad que intentó mostrar como rasgo característico de su personalidad; de hecho, cada vez parece más probable que Freud construyera buena parte de sus teorías psicoanalíticas a partir de sus propios miedos, ansiedades y motivaciones personales, y que posteriormente intentara extrapolar tales inquietudes al resto de la sociedad.

Indagar en una biografía también obliga a estudiar el contexto en el que su personaje se movió, que en el caso de Freud no es otro que el de la Europa de la segunda mitad del XIX y de las primeras décadas del XX, aquella que cambió para siempre tras el estallido de la Primera Guerra Mundial, que observó el hundimiento de imperios que durante siglos habían dejado sentir su poderosa influencia sobre los territorios europeos, que asistió al cambio de gran parte de los modos de pensamiento que habían dominado en el pasado y que asistió impotente a la imparable ascensión del nazismo. Conocer a Freud también obliga a viajar a Viena, la bella ciudad del Danubio, que brilló intelectualmente a finales del XIX con una luz tan intensa que por un momento permitió olvidar la decadencia en la que entonces estaba sumido el vetusto Imperio de los Habsburgo. Tampoco olvidaremos que Freud caminó entre ilustres figuras que directa o indirectamente vertieron sobre la vida del creador del psicoanálisis su influencia; Jean-Martin Charcot, Alfred Adler, Carl Gustav Jung, Lou-Andreas Salomé, Sandor Ferenczi o Marie Bonaparte serían algunas de las más excelsas.

Pese a que cada vez esté más deslucida, la inquietante mirada de ojos negros de Freud invita siempre a la reflexión; su búsqueda de sí mismo, su actitud para encarar ciertas fatalidades, su capacidad para mostrarse impermeable ante los sentimientos y, sobre todo, las explicaciones que dio sobre el comportamiento humano permiten que nos planteemos numerosas preguntas sobre nosotros mismos, sobre nuestros impulsos y sobre las máscaras que levantamos para protegernos de nuestros temores.

Enrique Sarasa Bara
Huesca, julio de 2003

I.   INFANCIA Y JUVENTUD DE FREUD (1856-1873)

Primeras experiencias

Sigmund Freud nació el 6 de mayo de 1856 en Freiberg, actual Príbor, al noreste de la República Checa, en una modesta casa situada en el número 117 de la calle Schlossergasse. Freiberg era en 1856 una pequeña población rodeada de bellos bosques situada a doscientos cuarenta kilómetros de la capital austriaca. Ubicada en los márgenes del río Lubina, entre Ostrava y Olomouc, formaba entonces parte de los extensos territorios que conformaban el vasto Imperio de los Habsburgo. Sobre sus casas se destacaba la iglesia de Santa María, famosa en la región por un hermoso repique de campanas que dejaba sentir su eco por todas las calles de la ciudad. Ella regía el tiempo y las costumbres de la población; era el centro, el elemento de cohesión que unía a la abrumadora mayoría cristiana. Sólo 150 de los 5.000 habitantes que vivían en Freiberg en aquella época eran judíos. La familia de Freud formaba parte de esa minoría.

La Austria en la que nació Freud pugnaba por mantener la opulencia, el esplendor y el predominio de sus siglos pasados. En su atmósfera aún palpitaban los ecos de las revoluciones que habían estallado en 1848. La llamada «primavera de los pueblos» había traído un puntal para el liberalismo y el nacionalismo que abría las puertas hacia unos nuevos tiempos incompatibles con el viejo Imperio de los Habsburgo. Con la intención de calmar los descontentos que dieron lugar a la revolución, el emperador Fernando I, al igual que otros tantos dirigentes conservadores europeos que temieron las consecuencias que podía provocar sobre sus gobiernos una sociedad resentida, dispensó a sus territorios una serie de licencias que, aunque no trajeron un cambio radical a los mismos, sí que permitieron cimentar la base de la futura liberalización de las estructuras estatales. Pero esas pequeñas reformas no sirvieron para calmar las inquietudes revolucionarias e independistas. A finales de la década de 1860 el orgulloso Imperio de los Habsburgo se había reducido a una monarquía dual constituida únicamente por Austria y Hungría. En 1859 el emperador había tenido que ceder gran parte del norte de Italia, y, siete años más tarde, tras la humillante derrota de Königgrätz, se había visto obligado a entregar a Prusia el Véneto y Venecia.

En esa Austria situada entre dos tiempos nació Sigmund Freud. Su padre, Jakob Freud (1815, Tysmenitz, Polonia), era un pequeño comerciante acostumbrado a viajar por los más diversos puntos de Hungría, Sajonia, Galitzia y Austria. Era un hombre bondadoso, permisivo y sociable que, pese a su don de gentes y su buena voluntad, nunca consiguió moverse hábilmente en el mundo de los negocios. De su primer matrimonio, con una jovencita llamada Sally Kanner, fallecida prematuramente, nacieron Emmanuel y Philipp, los hermanastros mayores de Sigmund Freud. Es posible que Jakob, tras la muerte de su esposa, contrajera segundas nupcias con una tal Rebecca, pero los investigadores no han conseguido hallar sobre ella ningún dato que haya permitido esclarecer su origen. En 1855 Jakob se casó con la mujer con la que iba a compartir el resto de su vida, Amalia Nathansohn (1835, Brody, Galitzia), una jovencita delgada y morena, de gran energía y fuerte personalidad, a la que el comerciante conoció durante uno de sus acostumbrados viajes a Viena. En el momento de la boda, el novio, de 40 años, doblaba exactamente la edad de su prometida. Sigmund se encontró, por tanto, con unos hermanastros, Emmanuel (de 22 años) y Philipp (de 19), que se acercaban más a la edad de la madre que su propio padre.

La personalidad de Amalia Nathansohn aparece distorsionada ante el investigador por los recuerdos encubridores de Freud y sus discípulos. Ernest Jones, el autor de *Vida y obra de Sigmund Freud*, la obra clásica de referencia sobre la figura del creador del psicoanálisis, la describió en su biografía como una mujer buena, comprensible y cariñosa que había quedado embobada por los talentos de su querido «Sigi». Sin embargo, los recuerdos publicados posteriormente por aquellos que la conocieron distan significativamente de esta positiva imagen; Martin Freud, hijo de Sigmund, en su libro de memorias *Sigmund Freud: Man and Father*, la calificaría de autoritaria, caprichosa, presumida y egocéntrica, e incluso llegaría a decir que su egoísmo la llevaba a utilizar a aquellos que la rodeaban para satisfacer sus intereses personales. Su nieta Judith Bernays Heller corroboraría el testimonio: «Se mostraba encantadora y sonriente delante de los desconocidos, pero yo, al menos, siempre sentí que con sus familiares era tiránica y egoísta». En Freiberg nacieron los tres primeros hijos del matrimonio. Sigmund, nacido en 1856, fue el primogénito. Tras él llegarían Julius, en 1857 (que murió al año siguiente por culpa de una infección intestinal), Anna, en 1858 y, una vez trasladada toda la familia a Viena, Rosa (1860), Marie (1861), Adolfine (1862), Pauline (1863) y Alexander (1866).

Durante aquellos años de sucesivos embarazos, Freud observó sorprendido y temeroso las transformaciones físicas que se producían en el cuerpo de su madre. Louis Breger presenta en *Freud: el genio y las sombras* (obra que, por otra parte, recoge una serie de interpretaciones tremendamente interesantes que derrocan el mito de la infancia feliz de Freud) una hipótesis que muy posiblemente podría explicar el origen de los posibles temores que Freud padeció ante esos sucesivos cambios de Amalia. Según Breger, es muy probable que Julius, el segundo hijo del matrimonio, muriera en la casa de la familia y que el mismo Sigmund presenciara tan trágico suceso. Sin duda, a raíz del fallecimiento del pequeño, la casa de los Freud se impregnó de una tristeza que alcanzó de manera indeleble al primogénito. Amalia, primeramente afligida por la situación y posteriormente ocupada por el embarazo de Anna, fue incapaz de ofrecer el consuelo necesario para la infantil mente de Freud, quien, al no poder comprender los mecanismos de la vida y de la muerte, al observar esos inexplicables cambios físicos de su madre que le llenaban de pavor y al verse apartado por la llegada de nuevos hermanitos que ocupaban toda la atención

13

de la madre, debió de vivir una infancia mucho menos feliz de la que Jones y otros biógrafos quisieron presentar.

Tal vez por esta circunstancia tenga especial protagonismo en sus recuerdos de infancia una niñera católica que, pese a que impregnó sus emociones infantiles con aterradoras historias sobre los castigos del infierno, constituyó el asidero afectivo en el que Sigmund sostuvo sus primeras necesidades amorosas. La niñera ejerció sobre el niño una influencia tan poderosa que el pequeño la colocó en el mismo plano de obediencia y respeto en el que había situado al padre. La relación con esta mujer a la que en el futuro Freud calificaría de «una mujer vieja y fea, pero sabia, que (...) me inculcó una alta opinión de mis propias capacidades», posibilitó que el pequeño estableciera un fugaz vínculo de unión con el catolicismo, ya que ésta acostumbraba a llevarle a todas las iglesias de la ciudad. Años más tarde, Amalia le diría a su hijo que siempre que volvía de la iglesia, intentaba explicar a la familia todo aquello que había escuchado: «[La niñera] Solía llevarte a todas las iglesias, y cuando volvías a casa te ponías a predicar y a contarnos cómo maneja sus asuntos el buen Dios».

La atracción y la dependencia por su niñera se rompió cuando fue sorprendida robando en la casa de los Freud: «Entre sus cosas —comentaría Amalia a su hijo— encontramos todas las relucientes monedas y todos los juguetes que te habíamos regalado. Tu propio hermano Philipp fue en busca del policía, y luego la condenaron a diez meses». La pérdida de uno de los dos pilares éticos de su vida originó en el pequeño desasosiegos e inquietudes que se vieron alimentados por la siguiente anécdota: Freud, sorprendido por la desaparición de su querida niñera, preguntó a su hermano Philipp qué había sido de ella; el hermano, sabiendo que ésta había sido encarcelada por el hurto, señaló un armario y dijo que estaba «*eingekastelt*», una frase hecha alemana que, para un adulto, significaba que la niñera estaba encerrada en una cárcel, pero que el niño Sigmund, de dos años y medio, entendió en su significado más literal, llegando a creer que estaba realmente «encajonada» (*Kasten* significa en alemán «caja» o «armario») y encerrada en ese mismo armario que su hermano le señalaba. Desde entonces, el pequeño temió que su madre corriera el mismo destino que la niñera: «Cuando no pude encontrar a mi madre temí de pronto que hubiese desaparecido, igual que mi vieja niñera había desaparecido poco antes».

En 1859 la familia de Freud decidió emigrar de Freiberg para escapar de su cada vez más difícil situación económica. Jakob se llevó con él a su mujer y a los hijos del tercer matrimonio, dejando así a Philipp y a Emmanuel, junto a la familia de este último, en Freiberg. El traslado alejaría al pequeño de sus primeros compañeros de juegos: su sobrino John, que era, paradójicamente, un año mayor que él (había nacido en 1855), y la hermanita de éste, Pauline (que había nacido el mismo año que Freud). Los dos eran hijos de Emmanuel, su hermano mayor.

Tiempo después, Freud contaría que el sentimiento negativo de la despedida de Freiberg se había acrecentado por culpa de un episodio que le había sucedido en la estación de la pequeña ciudad. Allí, según Freud, la visión de las lámparas de gas que la iluminaban despertó los recuerdos de las historias de castigo que su niñera le había contado en el pasado. En su infantil imaginación, el pequeño llegó a relacionar las luces palpitantes de las lámparas con las almas de los hombres que se quemaban en el infierno. Cuando cuarenta años después Freud analizó este suceso, consideró que esa experiencia había sido la causante de una fobia que le había perseguido durante gran parte de su vida y que sólo de adulto había conseguido superar parcialmente: el terror hacia la idea de emprender un viaje. Pese a que a lo largo de su vida Freud viajó a muchos más lugares que cualquier otro hombre de su tiempo, nunca pudo apartar de sí el angustiante temor que le asaltaba cada vez que se enfrentaba a la idea de perder el tren. Esta fobia también la relacionó, en su particular cosmos, con el miedo constante que le provocaba la idea de perder a su madre. Años después estableció una relación directa entre ese temor y un suceso ocurrido durante este primer viaje que le alejó de Freiberg, cuando, tal y como confesó a su amigo Fliess, pudo contemplar por primera vez el cuerpo desnudo de su progenitora. Sin embargo, existe una serie de imprecisiones importantes en el relato (como la edad del suceso o el simple hecho de ver desnuda a su madre, algo que, dadas las características de la primera casa de Freiberg, en la que la intimidad debió de ser imposible, debió de sucederse con anterioridad) que llevan a pensar que, inconscientemente, Freud acabó dando a la despedida de Freiberg una importancia mucho mayor de la que realmente tuvo.

Poco después Emmanuel y Philipp, junto a la familia del primero, emigraron a Inglaterra, donde pronto consiguieron ocupar un puesto destacado entre la sociedad británica. Menor suerte tuvieron Jakob y Amalia, que, en 1860, tras una corta estancia en Leipzig poco fructífera para los negocios, decidieron trasladarse a Viena en busca de mercados mucho más propicios.

Las reformas emprendidas por el emperador tras las revoluciones de 1848 también habían afectado a los judíos de nacionalidad austriaca. Tras esa fecha comenzaron a eliminarse las trabas legales que hasta entonces los hombres y mujeres de origen hebraico habían padecido en el Imperio, desde las insultantes tasas que debían pagar por el hecho de profesar su religión hasta las restricciones especiales por las que se les impedía acceder a cargos públicos. Sin embargo, este clima de mayor tolerancia iría quebrándose conforme pasaran los años, especialmente tras la crisis económica iniciada con el «viernes negro» de 1873 (el 9 de mayo de 1873), momento en el que la ola del antisemitismo resurgió con enorme virulencia en el país. Ciento veinticinco bancos tuvieron que anunciar su bancarrota por culpa de los acontecimientos de ese día, provocando una situación insostenible de carencias y descontentos. La población austriaca, desalentada por la crisis, comenzó a acusar a los judíos de haber provocado la crisis con sus intrigas y sus tejemanejes económicos.

En 1897 Karl Lueger, profundo antisemita que había convertido ese odio latente hacia lo judío en uno de los puntos más populares de su demagoga campaña electoral, se convirtió en el alcalde de Viena. Cuando un joven Hitler llegó a la capital austriaca, en 1907, se sintió profundamente impresionado por el discurso antisemita de Lueger, a quien —tal y como señala Ian Kershaw en *Hitler*— describió más tarde, en una poco frecuente demostración de su admiración por otro, como «el mejor alcalde alemán de todos los tiempos». Treinta años más tarde, esos odios antisemitas desembocarían en uno de los acontecimientos más tristes de la Historia.

Freud adolescente

El distrito vienés de Leopoldstadt, en el que la familia de Freud se alojó después de su breve estancia en Leipzig, albergaba en 1860 casi la mitad de los 15.000 judíos que habitaban en la capital del Imperio de los Habsburgo. Situado entre el centro de Viena y el Prater, al noroeste de la ciudad, el Leopoldstadt era un barrio pobre de estrechas callejuelas atestadas de gente y pequeñas e incómodas casas (hoy en día, aún se mantienen muchas de estas viviendas, generalmente habitadas por un buen número de inmigrantes yugoslavos y turcos). Freud vivió allí gran parte de su infancia y adolescencia; primero, en una pequeña casa ubicada en la calle Weissgärbestrasse, y después, desde 1875, en una vivienda igualmente modesta aunque más espaciosa situada en la calle Kainer Josefstrasse.

En 1864 Jakob y Amalia enviaron a Sigmund al Sperl Gymnasium, el instituto de enseñanza secundaria de la calle Tabor. El pequeño, inquieto, vivaz y tremendamente inteligente, ocupó durante siete años la primera plaza de su promoción, revelándose ante los profesores como un joven brillante de futuro prometedor ante el que se abrían grandes expectativas. («En el Gymnasium —diría en su *Autobiografía*— conservé durante siete años el primer puesto, gozando así de una situación privilegiada y siéndome dispensados casi todos los exámenes.») Sus profesores le inculcaron el gusto por los clásicos, la literatura y el estudio del pensamiento hebreo. Freud también pudo demostrar allí sus innatas dotes para los idiomas (a lo largo de su vida Freud hablaría y escribiría correctamente alemán, latín, griego, inglés, francés, español e italiano).

Gracias a sus éxitos académicos, Freud consiguió alcanzar esa posición de «favorito» de la que hablaría con orgullo años después a la hora de evocar sus recuerdos: «Cuando alguien ha sido —diría en *Un recuerdo infantil de Goethe*— el favorito indiscutible de su madre, conserva a través de toda la vida aquella seguridad conquistadora, aquella confianza en el éxito que muchas veces basta eliminar para lograrlo». La prueba más evidente del trato de favor que se le dio respecto a los demás miembros de la familia la

17

encontramos en una anécdota que tendría a su hermana Anna como protagonista. Siendo Freud adolescente, Amalia y Jakob, siguiendo la tónica de casi todas las familias burguesas de la época, decidieron comprar un piano para que Anna, la hija mayor, iniciara allí sus estudios de música. Parece ser que el sonido del instrumento molestó tanto al hijo predilecto que los padres decidieron suspender las lecciones de su hija para que el «favorito» pudiera concentrarse en sus lecturas. Anna, en *My Brother, Sigmund Freud,* no olvidaría mencionar el detalle: «Aunque el cuarto de Sigmund no estaba cerca del piano, el sonido le molestaba. Entonces le pidió a mi madre que retirara el piano si no quería que él se fuera de casa de inmediato». También resulta esclarecedor que, en una casa donde todos sus habitantes vivían hacinados, Jakob y Amalia asignaran al hijo predilecto una habitación propia para que el resto de la familia no le importunase y pudiera así centrarse en sus estudios de medicina.

Tal acto de distinción también otorgó a Freud poderes internos sobre los demás miembros de su familia. Frente a todas sus hermanas, el primogénito siempre hizo valer una despótica autoridad especialmente representativa de su estereotipado sentimiento de superioridad frente a la mujer. Tal y como comenta Anna: «No sólo leía mucho, sino que controlaba minuciosamente lo que yo leía. Si yo tenía un libro que a él le parecía poco apropiado para una niña de mi edad, me decía: "Anna, es muy pronto para que leas ese libro". Cuando yo tenía quince años, recuerdo, él pensaba que yo no debía leer a Balzac o a Dumas».

Sin embargo, a veces Freud sentía que la ineludible realidad parecía imponerse a las ilusiones que se forjaba: más allá de los muros de su habitación había un mundo de pobreza que parecía capaz de rendir las pretensiones de cualquier joven. Para escapar del desagradable abrazo del día a día, Freud decidió refugiarse en sus libros y lecturas. Pasó su adolescencia enclaustrado en su cuarto, desentrañando textos de filosofía y sumergiéndose en mundos que le resultaban mucho más bellos que los ubicados en el rutinario e inevitable tiempo presente. Sentía especial fascinación por aquellos títulos relacionados con los mitos y leyendas de la historia de la antigüedad; en su imaginación, rebuscaba entre los secretos del misterioso Egipto, se sumergía en los siglos oscuros del fascinante mundo helénico y sentía la fuerza de la poderosa Roma. Freud fue durante toda su vida un ávido lector de todo aquello que de arqueología e historia antigua pudiera llegar a sus manos; y no perdía ocasión para demostrar sus amplios conocimientos sobre la disciplina —llegó a decir que había leído más libros de arqueología que de psicoanálisis—. La sala de reuniones de su casa y la habitación donde atendía a sus pacientes estaban atestadas de piezas del mundo antiguo: vasos etruscos, bandejas de tumbas pompeyanas, lámparas romanas, relieves egipcios, grabados del templo de Karnak, copias en yeso de determinadas figuras del mundo clásico —entre las que destacaba la de la bella Gradiva pompeyana—, copas, diosas, sátiros y, desperdigadas por todos los rincones de las dos habitaciones, un sinfín de figuritas y esculturas que Freud coleccionó con especial satisfacción. Muchos de los personajes que le visitaron cuando ya era famoso comentarían que al entrar en su salón se tenía la impresión de estar ante un reconocido arqueólogo antes que frente a un eminente psicoanalista. Tampoco debe olvidarse que Freud realizó pequeñas incursiones en el campo de la Historia (aunque la única obra que calificó de plenamente «histórica» fue su *Moisés y la religión monoteísta*). En varias ocasiones reconoció su admiración por Henri Schliemann, el alemán apasionado por la cultura griega que iba a pasar a la posterioridad por el descubrimiento de la misteriosa Troya. Schliemann había tenido la oportunidad de desenterrar una ciudad que había estado en la leyenda de la humanidad durante siglos; y, además, había sentido la inigualable sensación de responder a un mundo que había dudado de su palabra y que había considerado que los poemas homéricos eran el fruto de la fantasía de un poeta mítico. Freud consideraba que, al haber tenido la inmensa fortuna de convertir en realidad los sueños de su infancia, el alemán era uno de los hombres más afortunados del mundo.

Generalmente, Freud buscaba en sus libros de juventud a hombres fuertes y poderosos con los que poder identificarse. Hay una anécdota, recogida en *La interpretación de los sueños*, que manifiesta claramente el rechazo que Freud sentía hacia aquellos

19

hombres que no se manifestaban de acuerdo con lo que él esperaba de ellos:

> *Tendría yo diez o doce años cuando mi padre comenzó a llevarme consigo en sus paseos y a comunicarme en la conversación sus opiniones sobre las cosas de este mundo. Una de estas veces, y para demostrarme que yo había venido al mundo en mucho mejor época que él, me relató lo siguiente: «Cuando yo era joven salí a pasear un domingo por las calles del lugar en que tú naciste bien vestido y con una gorra nueva en la cabeza. Un cristiano con el que me crucé me tiró de un golpe la gorra al arroyo, exclamando: "¡Bájate de la acera, judío!" "Y tú, ¿qué hiciste?", pregunté entonces a mi padre. "Dejar la acera y recoger la gorra", me respondió tranquilamente. No pareciéndome muy heroica esta conducta de aquel hombre alto y robusto que me llevaba de la mano, situé frente a la escena relatada otra que respondía mejor a mis sentimientos: aquella en la que Amílcar Barca, padre de Aníbal, hace jurar a su hijo que tomará venganza de los romanos. Desde entonces tuvo Aníbal un puesto en mis fantasías.*

Una vez que su padre ya no pudo encajar como modelo, Freud recurrió a figuras mucho más poderosas para satisfacer su necesidad de protección; de hecho, pasaría buena parte de su juventud buscando su propio yo entre las imágenes idealizadas de sus semejantes.

II. LA UNIVERSIDAD DE VIENA
Y LAS PRIMERAS EXPERIENCIAS
COMO MÉDICO (1873-1885)

En 1873, tras concluir brillantemente sus estudios en el Sperl Gymnasium de Leopoldstadt, Sigmund Freud ingresó en la prestigiosa Facultad de Medicina de la Universidad de Viena, reconocida institución caracterizada por potenciar en sus estudios los aspectos prácticos y experimentales. Curiosamente, pese a contar con uno de los más importantes centros de investigación de la Europa del momento, la población austriaca aún mantenía algunos de los viejos prejuicios del antiguo régimen: la actividad industrial, bancaria y mercantil, además de algunas profesiones liberales, todavía eran despreciadas por algunos sectores cristianos que consideraban tales tareas indignas de quienes profesaban la religión católica. Ello propició que los sectores judíos se hicieran con cargos de responsabilidad en la administración, en la educación y en el mundo del comercio y los negocios.

Freud dudó durante algún tiempo entre convertirse en médico o emprender el camino de las leyes. Las dos eran carreras típicamente judías: a causa del prejuicio cristiano antiuniversitario, un 50 por ciento de los estudiantes matriculados en Medicina de la Universidad de Viena y un 60 por ciento de los matriculados en Derecho tenían origen hebraico. Freud manifestaría tiempo después en su *Autobiografía* (1925) que se había sentido atraído por las leyes a causa de «la poderosa influencia de una amistad escolar con un niño mayor que yo, que llegó a ser un destacado político». El joven del que hablaba Freud era el carismático Heinrich Braun, quien años después se convertiría en uno de los más destacados políticos del Partido Socialdemócrata austriaco. Sin embargo, al final, Freud decidió decantarse por la Medicina, una carrera ante la que «no sentía predilección especial ninguna (...) Lo que me dominaba era una especie de curiosidad relativa más bien a las circunstancias humanas que a los objetos naturales, y que no había reconocido aún la observación como el medio principal de satisfacerse». En su *Autobiografía* intentaría dar un origen mucho más romántico a su decisión:

> *Las doctrinas de Darwin, en aquel entonces muy difundidas, me atrajeron poderosamente, porque prometían un extraordinario progreso en nuestra compresión del mundo, y sé que la lectura del hermoso ensayo de Goethe titulado* Sobre la naturaleza, *en una conferencia popular del profesor Carl Brühl, un poco antes de mis exámenes finales, me decidió a inscribirme en Medicina.*

Resulta paradójico que en esta autoconstrucción mítica (a fin de cuentas, este pasaje es una pieza más del armazón propagandístico que Freud levantó años después para construir una figura idealizada de sí mismo), su siempre racional causante manifestara que la decisión para emprender su carrera médica hubiera llegado a través de un texto que pintaba una imagen romántica de la naturaleza en la que ésta, misteriosa, panteísta y maternal, abrazaba con cariñoso (y a veces mortal) afecto a sus hijos pese a ocultarles sus más recónditos secretos:

> *¡Naturaleza! Estamos rodeados y enlazados por ella, incapaces de librarnos de ella, incapaces de penetrar más profundamente en ella. Voluntariamente o por la fuerza, somos introducidos en el torbellino de su danza y nos arrastra hasta que caemos agotados en sus brazo (...) Vivimos en medio de ella y la desconocemos. Habla incesantemente con nosotros y no nos desvela su misterio. Un eterno vivir, devenir, moverse hay en ella... Suya es la culpa de todo, suyo es el mérito de todo.*

Como si se tratara de un errante héroe clásico a quien los seres divinos reservaban un destino glorioso, Freud era guiado en su relato por las señales de los únicos «dioses» que en su vida se permitió erigir: los grandes pensadores; y era uno de ellos, nada más y nada menos que su admirado Johann Wolfgang von Goethe, quien inspiraba directamente sus pasos. Sin embargo, esta elección no deja de tener un matiz irónico ya que, décadas más tarde, los investigadores descubrirían que ese «hermoso ensayo» no pertenecía, contrariamente a lo que sus contemporáneos creyeron, a Goethe, sino a un escritor llamado Christoph Tobler que había enviado el texto al poeta y escritor alemán.

Podremos construir una relación entre el estudio de la medicina y las atracciones adolescentes de Freud si establecemos una analogía entre la peculiar concepción de la naturaleza que ofrece el texto con el hambre de conocimiento que siempre persiguió a Sigmund Freud. Recordemos que en el marco del positivismo decimonónico, aquel en el que las doctrinas evolucionistas de Darwin estaban cambiando la concepción del binomio hombre-naturaleza, la ciencia que despertaba en el siglo XIX parecía ofrecer todas las respuestas a las inquietudes tradicionales de la humanidad. A finales del siglo XIX personajes como Galileo, Newton o Darwin se habían convertido en heroicos exploradores que habían alcanzado la inmortalidad gracias a sus investigaciones científicas, y Freud, ferviente admirador de estos modernos expedicionarios, soñaba con poder convertirse algún día en uno de ellos. Por otra parte, también debe mencionarse que el estudio de la medicina otorgaba un atractivo prestigio social que podía derivar en ciertas recompensas económicas, aspectos que sin duda ejercían gran atractivo para aquellos que, como Freud, habían vivido condicionados por la pobreza de su entorno.

Si atendemos el itinerario académico seguido por Freud durante sus años de estudiante observaremos que, pese a las nuevas experiencias que le ofrecía su carrera, Freud no parecía sentirse satisfecho limitando sus estudios al campo médico. El primer año siguió un itinerario humanístico un tanto improbable para todo aquel que le interesara plenamente la medicina. Además, durante varios cursos asistió entusiasmado a las clases de Filosofía del profesor Franz Brentano, un ex sacerdote que pretendía inscribir la Teología dentro de las teorías darwinistas y que llegó a poner en duda (aunque sólo temporalmente) el ferviente ateísmo que hasta entonces había profesado el joven Freud. Pese a esta atracción por el mundo de la filosofía, Freud siempre situó la metafísica por debajo de toda ciencia que pudiera observar empíricamente la realidad. Esto explica que de entre todos los pensadores inscritos en la historia del pensamiento, Freud sólo manifestara abiertamente su respeto ante Ludwig Feuerbach, ya que, en sus textos, el filósofo intentaba combatir las inquietudes tradicionales de la Filosofía y de la teología. Feuerbach, en su obra básica, *La esencia del cristianismo* (1841), había considerado la naturaleza como el verdadero punto de partida de la existencia, a Dios como una idealización del hombre y la religión como el resultado de ciertas necesidades innatas al individuo, es decir, había explicado bajo ideas racionales las abstracciones típicas de la metafísica.

En definitiva, para Freud, la filosofía formaba parte de un mundo pasado que había desviado el auténtico objeto de conocimiento y que estaba destinado a perecer frente al dogmatismo de la ciencia. Freud, persistente buscador de lo tangible, acabaría criticando la filosofía por su incapacidad a la hora de solucionar las problemáticas fundamentales de la vida del ser humano. Había sido educado en un contexto que confiaba demasiado en las leyes de la ciencia como para creer en una teoría del conocimiento basada en criterios especulativos. Pese a ello, conviene reseñar que existen planteamientos y lenguajes muy cercanos al ámbito filosófico en algunas de las obras adultas de Freud (*Tótem y tabú* o *El malestar en la cultura* serán buenos ejemplos de ello).

Pese a la convicción con la que defendía las posibilidades que ofrecían sus estudios universitarios, las esperanzas depositadas en el campo médico no cristalizaron nunca en Freud. Ya adulto, expondría en *¿Pueden los legos ejercer el análisis?* su decepcionado lamento con las siguientes palabras: «Pasados cuarenta y un años de actividad médica, mi conocimiento me dice que no he sido realmente un verdadero médico. Fui médico como consecuencia de una desviación obligada con respecto a mi intención original». Su hasta entonces inacostumbrado retraso académico (tardó tres años más de lo habitual en completar sus estudios universitarios) es una prueba tangible de su desilusión médica. Pese a ello, Freud guardaría algunos buenos recuerdos de su paso por la universidad. Entre ellos cabe destacar el viaje becado hasta Trieste (Italia) —realizado en marzo de 1876—, que consiguió gracias a uno de sus profesores, Carl Craus. El objetivo de la beca era llevar a cabo una serie de investigaciones sobre la posible estructura gonádica de las anguilas que permitieran validar las tesis que recientemente había expuesto en algunas publicaciones médicas el polaco Simone de Syrski. Aunque los resultados del estudio, realizado con una enorme dedicación y disciplina, no dejaron satisfecho a Freud (ya que no pudo llegar a ninguna conclusión definitiva que permitiera corroborar o rechazar las afirmaciones de Syrski), su carácter disciplinado y laborioso despertó el interés de una de las figuras más importantes de la Universidad de Viena, el profesor Ernst Brucke, destacado representante de la Escuela Médica de Helmholtz, que decidió, tras recibir buenas referencias del alumno, convertir a ese joven en uno de sus ayudantes de laboratorio.

Brucke era un profesor duro con sus alumnos, distante, al que Freud, tal y como ya había hecho con sus héroes de la adolescencia, acabó convirtiendo, gracias al atractivo que le producían su impecable autocontrol, su fortaleza, su frialdad, su poder y su prestigio, en uno de sus modelos a imitar. Brucke era un contrarrevolucionario del romanticismo, un positivista amante de lo racional que creía que el hombre era capaz de doblegar a la naturaleza; es decir, era realmente la antítesis del espíritu que envolvía el ensayo *Sobre la naturaleza*, el texto que, en teoría, había convencido a Freud para emprender el estudio de la medicina. Se dice que Brucke, a la muerte de su hijo, apartó de su vista todas sus fotografías y retratos, llegando a prohibir incluso que se volviera a mencionar su nombre en su presencia. No parece que exista un mejor modelo para ese Freud investigador que había decidido imponer el autocontrol a la pasión.

Cabe mencionar también que, durante su paso por el laboratorio de Brucke, Freud trabó una profunda amistad con dos hombres que jugarían un papel protagonista en su vida durante los años siguientes; uno, el generoso Josef Breuer, y otro, su admirado Ernst von Fleischl-Marxow.

Entre 1879 y 1880 Freud tuvo que interrumpir temporalmente sus estudios para realizar el obligado servicio militar. Durante este tiempo Sigmund se limitó a tratar a los enfermos del hospital de la guarnición vienesa del ejército austro-húngaro. El joven aprovechó el momento para llevar a cabo un trabajo que le puso en contacto con algunas de las primeras teorías feministas y socialistas, sin que ello pareciera hacer mella alguna sobre sus concepciones conservadoras. Recomendado por Franz Brentano, Freud consiguió que el historiador austriaco Theodor Gomperz le encargara la traducción del volumen número doce de las *Obras Completas* del eminente John Stuart Mill, texto que el estudiante de medicina vertió del inglés al alemán con notable fluidez.

En 1881 Freud concluyó sus estudios de Medicina. Pese a ello, permaneció quince meses más en el laboratorio de Brucke con la esperanza de encontrar un descubrimiento científico que le otorgara la valía y el prestigio que había estado buscando sin éxito durante todos sus años de estudiante. Sin embargo, el insatisfactorio resultado de los experimentos que durante ese intervalo de tiempo realizó acabó por desilusionar a Freud. Al final, Brucke decidió hablar personalmente con su alumno, pidiéndole que no se dejara llevar por las ilusiones y tomara una decisión mucho más pragmática. El consejo era bienintencionado: Freud tenía ya veintiséis años y aún dependía de los préstamos de sus familiares y amigos para subsistir.

Ante la acuciante situación de pobreza, Freud se vio obligado a renunciar a sus deseos. Afortunadamente pudo consolarse pensando que tenía un motivo mucho mejor para dejar el laboratorio: ese mismo año había conocido a una muchachita de veintiún años de la que había quedado prendado y con la que se había comprometido en secreto. Ahora necesitaba ahorrar dinero suficiente para afrontar los gastos de la boda y poder así encarar satisfactoriamente los primeros años de su vida en pareja.

El 31 de julio de 1882 Freud empezó a trabajar como *aspirant* (asistente clínico) en el Hospital General de Viena. Gracias a su buen trabajo, consiguió en mayo de 1833 ascender al grado de *sekundararzt,* ratificado y ampliado al año siguiente con el nombramiento de *sekundararzt senior.* Finalmente, a finales de 1885, conseguiría hacerse con el codiciado título de *privatdozent*, que aunque no comportaba beneficios económicos directos, sí que otorgaba gran prestigio médico a quienes lo ostentaban. Freud aprovechó el título para impartir clases particulares remuneradas a algunos estudiantes de Medicina.

Después de unos primeros meses insatisfactorios durante los que se limitó a vagar de departamento en departamento del hospital sin recibir pago alguno por ello, el joven médico entró a trabajar como ayudante en el laboratorio del profesor Herman Nothnagel, una de las figuras de mayor prestigio del círculo médico vienés de la época. Allí desempeñó Freud sus labores con gran diligencia y eficiencia, pero sin que por ello se avivara su interés por la medicina. Seis meses después consiguió trasladarse al grupo de investigadores dirigidos por Theodor Meynert, a quien Freud consideraba, tal y como afirma Ernest Jones, «el más grande anatomista del cerebro de su tiempo». Gracias a Meynert, se activó el interés de Freud por el ámbito neurológico. Además, durante aquellos meses realizó un descubrimiento con el que consiguió apartar temporalmente la insatisfacción que hasta entonces le había perseguido. Se trataba de un método desde el que esperaba facilitar a los investigadores la exploración del tejido del sistema nervioso. Por aquel entonces era difícil llevar a cabo un estudio satisfactorio de este tejido, tal y como explicaba Freud a su novia Martha en una atípica carta de amor fechada el 15 de octubre de 1883:

> El cerebro debe ser, ante todo, endurecido (...) y después cortado cuidadosamente en finos segmentos para ver en qué orden respectivo están situadas las fibras y las células (...) en los segmentos del cerebro endurecido apenas hay nada que pueda ser apreciado a primera vista; pero surgen nuevas posibilidades si se los colorea con carmín (...) Aun así, sigue siendo muy difícil (...)

Freud ofrecía, para perfeccionar esta técnica, colorear los sectores histológicos del sistema nervioso con cloruro de oro y con plata: «El empleo de soluciones de oro y plata produce bellas fotografías en otros especímenes, dando coloridos diferentes a los diversos elementos que los componen y actualmente se está experimentando con esto en el cerebro». En una optimista carta a Martha fechada el 25 de octubre, Freud comentaba con satisfacción su estado de ánimo por el descubrimiento: «He logrado conseguir algo que me había costado muchos esfuerzos a lo largo de un buen número de años. (...) He soñado mucho con una dulce niña que

27

podría serlo todo para mí, y ahora ya la tengo. Había admirado a muchos hombres desde lejos, considerándolos inaccesibles, y ahora me encuentro al mismo nivel que ellos». Freud estaba exultante, no sólo sus dos maestros de por aquel entonces, Ernst Brucke y Josef Breuer, le habían felicitado (el primero incluso le había llegado a decir: «Veo que sólo con sus métodos se va a hacer usted famoso»), también parecía hacerse, al fin, con un hueco en la élite de la sociedad médica vienesa. Sin embargo, pese a todas las esperanzas que Freud había depositado en su proyecto, el método nunca le procuraría el reconocimiento que había esperado.

De los muchos departamentos (medicina interna, psiquiatría, cirugía, dermatología, nervios y oftalmología) por los que el joven médico fue pasando durante su trabajo en el Hospital General de Viena, éste guardó especial recuerdo de la sección «nervios» (*Nervenabteilung*), en el que tuvo la oportunidad de presenciar el sombrío panorama de la medicina de la época. En una sentida carta de repulsa por la situación, Sigmund explicaría a su novia Martha cómo la política de recorte de gastos del hospital llevaba a que «en ninguna habitación del hospital se hubiera instalado gas», obligando a los enfermos a «permanecer a oscuras durante las largas noches del invierno» y a que «los médicos debieran utilizar velas para hacer una visita en plena noche; o incluso para operar». Freud finalizaba su carta con algunas de las líneas más humanas y comprometidas de todos sus textos:

> *Además, debes creer que no se friega el suelo ni las alfombras. Allí donde de veinte enfermos diez son tuberculosos graves se barre una vez al día, con lo que toda la sala se llena de polvo. Así es la humanidad de nuestros días. Sí; esos pobres diablos tienen cama y cuidados, que ya es algo de lo que nunca habían disfrutado en toda su vida; pero, como enfermos que son, ¿acaso no tienen derecho a aquello de lo que la sociedad les ha excluido por culpa de una mala economía de la que ellos nunca han sido responsables? ¿Y qué suponen los costos de los establecimientos que podrían dar un trato humano a*

Retrato de Sigmund Freud.

> *desamparados y perdidos en comparación con los costos*
> *que producen todas las nulidades de nuestros ejércitos*
> *europeos?*

Dado el carácter de las investigaciones que Freud estaba llevando a cabo durante aquellos años, daba la sensación de que el joven estaba destinado a dedicarse por completo al ámbito neurológico. De allí que, con el fin de perfeccionar sus conocimientos, decidiera pedir una beca a la universidad para poder estudiar Anatomía Cerebral en París junto a uno de los hombres más reputados de la neurología de aquel tiempo, Jean Martin-Charcot. Poco podía imaginar Freud que esa estancia en la capital francesa cambiaría para siempre todos sus planteamientos.

III. AMOR Y COCAÍNA

«Del mundo nada sé, y de poco me entero», comentaría Freud en 1895 a su amigo Wilhelm Fliess. No era simplemente el comentario de un hombre que se sentía en aquellos momentos acechado por una crisis que le había llevado a la misantropía más obtusa; el escepticismo ante el mundo y la indiferencia por gran parte de las realidades de la vida siempre fueron marcas de identidad de las realidades de Sigmund Freud. Se puede decir que sólo los sucesos que podían afectarle —como, por ejemplo, el ascenso de Karl Lueger a la alcaldía de Viena— lograron prender una chispa de atención en su curiosidad.

Y sin embargo, la Viena finisecular en la que Freud vivía brillaba en aquellos momentos con un fulgor que hacía palidecer todos los movimientos artísticos precedentes. En ella se movían pintores como Gustav Klimt, capaz de impregnar sus obras con un ambiente onírico y simbólico ciertamente relacionable con las temáticas freudianas; literatos como Hugo von Hofmannsthal, que presentaba en sus novelas y poesías una original atmósfera mística y lírica con la que pretendía buscar una vía que posibilitara una revolución en la literatura moderna; arquitectos como Otto Wagner o Josef Hoffmann, los más destacados representantes de la arquitectura secesionista vienesa; o compositores como Gustav Mahler —a quien Freud tendría oportunidad de analizar en agosto de 1910, únicamente durante una tarde—, que con sus obras iba a marcar el cénit de la sinfonía romántica.

Aunque el tradicionalismo del viejo Imperio parecía derrumbarse a la par que la Monarquía de los Habsburgo, sus habitantes parecían responder a las penurias que les rodeaban con un inusitado gusto por la vida; Bruno Bettelheim, en *El peso de una vida*, describió la sociedad vienesa de este periodo con las siguientes palabras: «En unos pocos años el vals vienés había conquistado el planeta (...) Si volvemos la vista atrás, parece como si el vienés de esa época no cesara de bailar: bailes de máscaras, el ludismo del carnaval (...) y las espléndidas salas de bailes desperdigadas por toda la ciudad».

Pero Freud apenas tenía contacto con los placeres estéticos de la música; y aunque le gustaban algunas óperas, según testimonia su hija Anna, nunca asistió a concierto alguno. Tampoco el arte moderno pareció causarle una grata impresión; ni el teatro; ni la vanguardia literaria de su época. Ni siquiera parecía interesarle la vida cultural que bullía en los cuidadosamente amueblados cafés de su ciudad, donde bohemios e intelectuales, siempre con sus inseparables cigarros, se arremolinaban para discutir cualquier asunto que asaltara sus mentes; desde la anacrónica situación del Imperio a las teorías darwinianas, desde el recrudecimiento antisemita a los levantamientos obreros, desde los movimientos literarios de moda a las innovaciones que por aquel momento se producían en los campos de la matemática y de la física. Sobre las mesas de esos salones se apilaban juegos, periódicos, revistas y libros de consulta; alejados del bullicio de sus pequeñas casas, estudiantes, profesores y eruditos pasaban allí las mañanas y las tardes. Martin Esslin (*Freud: el hombre, su mundo, su influencia*) llega a considerar el psicoanálisis freudiano como un deudor del inusitado eclecticismo cultural que caracterizó durante esa época a la sociedad vienesa: «Cabe decir que el psicoanálisis es fruto de esta fertilización cruzada entre la medicina, la psicología, la filosofía, la antropología y el estudio de la literatura».

Sin embargo, Freud parecía inmune a todo ese mundo que le rodeaba; de hecho, todo lo que llevaba el sello vienés parecía desagradarle. En su aversión, era incluso capaz de referirse a una obra tan sobresaliente y espectacular como la catedral de St. Stephen como «ese abominable campanario».

Las fotografías que se le realizaron durante estos años muestran a un joven seguro de sí mismo de tez clara y ojos oscuros que todavía no ha adquirido la mirada inquietante y penetrante que de adulto se esforzará en mostrar ante las cámaras. De mediana estatura y constitución delgada, su cabello negro, impecablemente peinado, cae ligeramente sobre el lado derecho de su frente; su espesa barba cuidadosamente recortada envejece su aspecto a la par que le dota de un aire distinguido y circunspecto que queda realzado por su siempre inexistente sonrisa. Sus trajes, sin ser elegantes ni caros, le dan un aspecto respetable e interesante.

Pese a que lo expuesto nos ofrezca a un Freud frío y carente de emotividad, cabe advertir que entre los gustos del joven se encuentran ciertos autores y artistas entroncados con el idealismo y el romanticismo que le permitirían configurar esa realidad estilizada en la que se movió durante su adolescencia. Adoraba a románticos como Goethe o Schiller; le atraía enormemente la figura idealista —y libertadora— de Don Quijote; le fascinaba Shakespeare, y, como un adolescente más, sentía atracción especial por algunos de los autores típicos entre los jóvenes de la época.

Sin embargo, a pesar de estos atisbos románticos y juveniles, nunca pareció juguetear con las típicas inquietudes amorosas adolescentes. Durante sus años de estudiante, Freud se encerró en un mundo de fórmulas y experimentos microscópicos del que jamás pareció hacer esfuerzo alguno por salir. En 1876, durante los días que pasó en Trieste, pese a confesar no sentirse inmune por los encantos de las mujeres de la bella ciudad, Freud despachó su forzada indiferencia con el siguiente comentario: «Puesto que no está permitido diseccionar seres humanos —diría a su amigo Silberstein—, realmente no tengo nada que hacer con ellas».

A principios de 1882, Freud todavía seguía buscando un descubrimiento que le reportara la fama que hasta el momento se le había negado. Inquebrantable en sus sueños, insistía en seguir trabajando en el laboratorio de Meynert pese a que ello no le reportara beneficio económico alguno. Su mente parecía perderse en las materias más abstrusas sin que quisiera alimentar esperanza alguna en los asuntos del amor. Sin embargo, cuando una tarde de primavera de 1882 Freud se encontró en su casa con una delgada y pálida jovencita llamada Martha Bernays, el joven médico supo que por fin había encontrado a alguien por quien merecía la pena derribar esa carcasa que había construido para aislarse de todo lo que sucedía a su alrededor. Seguro de su intuición, comenzó un tímido cortejo que discurrió entre rosas rojas, encuentros clandestinos y galantes conversaciones con las que consiguió que Martha, el 17 de junio de ese mismo año, en los jardines de Mödling, aceptara la proposición de matrimonio que su enamorado había estado fraguando durante todo ese tiempo.

Martha Bernays, cinco años menor que Freud, había nacido en el seno de una familia judía con cierto prestigio social que en esos momentos estaba sufriendo importantes reveses económicos que amenazaban con desplazarla de su privilegiada posición.

A Emmeline Bernays, la autoritaria madre de Martha, no le gustó Freud. Para ella existía una brecha abismal que separaba a su joven hija de aquel médico que no sólo pertenecía a un estrato social inferior, sino que, además, manifestaba orgulloso y altivo sus convicciones antirreligiosas. Emmeline y Berman, el padre de Martha, fallecido pocos años antes de que Freud y Martha se conocieran, habían intentado educar a sus hijos según los más estrictos cánones del judaísmo (de hecho, el abuelo paterno de Martha, Isaac Bernays, había sido el respetado y aclamado gran rabino de la ciudad de Hamburgo), de allí que ese joven irreverente y ateo que era Freud no pareciera a primera vista un candidato demasiado atractivo para la madre de Martha.

Martha tenía dos hermanos; Eli, el mayor, quien pronto se comprometería con Anna, la hermana de Sigmund (el 14 de octubre de 1883 se casarían), ejercía sobre Martha una lógica influencia que siempre resultó muy molesta al inseguro novio; Minna, la hija menor de los Bernays, en cambio, se llevó mucho mejor con su cuñado. Era ocurrente, inteligente y lo suficientemente atrevida como para no sentirse intimidada a la hora de discutir con Freud sobre las más variopintas cuestiones.

La relación entre Minna y Freud ha suscitado interpretaciones muy diversas entre los investigadores más sensacionalistas. Peter Swales, por ejemplo, publicó en 1982 un controvertido artículo en el que, tras estudiar algunos de los sueños de Freud, planteó la posibilidad de que Minna hubiera quedado embarazada de su cuñado. Pese a todo, ninguna de estas biografías sensacionalistas ha sido capaz de presentar un material que permita asegurar la validez de tales aseveraciones; además, debe reconocerse que resulta

34

difícil imaginar una relación de este tipo cuando se conocen las fuertes convicciones morales que en estos temas siempre mostró Sigmund Freud.

Las cartas que Freud dirigirá a su amada durante el noviazgo reflejan fielmente la pasión violenta que se desató en él tras la llegada del primer amor. Errático e inseguro, quijotesco y romántico, avasallador y celoso, el joven Freud muestra entre embelesadas líneas su incapacidad para controlar sus sentimientos; en unas ocasiones, expone a su prometida con salvaje desesperación la necesidad que siente por ella: «Antes de conocerte ignoraba la alegría de vivir», «En el momento en que más lo necesitaba llegó a mí Martha, llena de generosa confianza, para reforzar mi fe en mi propio valer, para darme nueva esperanza y una fuerza nueva para trabajar», «Sin ti, me hundiría en una apatía sin fondo, pues carecería de todo deseo de vivir», «Cuando pienso en lo que sería yo ahora si no te hubiera hallado (...) me doy cuenta de que habría perdido el rumbo y declinado irremisiblemente. (...) Tú me das esperanza y certidumbre en el éxito»; en otras, inseguro e irritado, reprocha abiertamente a su novia que ella no le quiera tanto como él: «La Marty de ayer parece no haberse convertido aún del todo en mi amada niña». En junio de 1884, tras dos años de noviazgo, Freud confesaría: «Yo creo de verdad que siempre te he querido más que tú a mí o, más concretamente, que hasta que nos separamos no habías superado la *primum falsum* de nuestro amor, como lo llamaría un silogista. Quiero decir que yo me impuse a ti y que tú me aceptaste sin gran afecto (...) Te mostrabas tan pocas veces de acuerdo conmigo que nadie hubiera podido deducir de tu conducta que te estabas preparando para compartir mi vida».

Freud aludía en aquella carta al abismo que se abrió entre los dos después de que Martha decidiera trasladarse a Wandsbeck (Alemania) siguiendo los deseos de su madre. La decisión provocó en Freud sucesivas inseguridades sobre los auténticos sentimientos que Martha sentía por él; a fin de cuentas, su prometida ni siquiera había considerado los ruegos que su enamorado le había dirigido para que no abandonara Viena: «Y como sé que lo que me ha herido tanto ha sido tu marcha, me siento incapaz de reconciliarme con la que, por su falta de corazón y su antojo, hago responsable de tu marcha, escribiría Freud a su novia el 17 de agosto de 1884 refiriéndose a Emmeline. Desde el 17 de junio de 1883 hasta el día de su boda, el 13 de septiembre de 1886, la pareja tendría que mantener su relación en la distancia. Entre tanto, únicamente la correspondencia, enormemente profusa (la pareja se escribía largas cartas todos los días), podría sustituir, de forma casi fetichista, la presencia de su amada. Sin embargo, en el fondo, sólo los fugaces encuentros esporádicos conseguirían satisfacer la viva llama del amor que ardía en el corazón de Freud.

Sorprende que en las cartas plenas de entusiasmo y turbulentos sentimientos que Freud dirigió a su amada apenas puedan rastrearse los rasgos de la personalidad de Martha. De hecho, podemos afirmar que el placer estético freudiano residía más en la observancia y el idealismo del objeto que en la propia realidad. La distancia que se abrió entre los dos novios posibilitó que Freud revistiera a su amada con los arquetipos femeninos que había encontrado en sus novelas de juventud. Es más, Freud intentó participar activamente en la «construcción» de esa mujer soñada; así, procuró dirigir a Martha hacia determinadas lecturas, censurándole además, tal y como ya había hecho con sus hermanas, aquellos textos que consideraba inadecuados para una mujer como ella; igualmente, trató de inculcarle su atracción por la filosofía (incluso escribió para ella un texto de introducción a esta disciplina titulado «A.B.C. filosófico»), sin olvidar que también intentó, sin demasiado éxito, que su novia se interesara por sus investigaciones neurológicas.

Freud también actuó de acuerdo a los rasgos de ese particular quijotismo. De hecho, durante su noviazgo manifestó en reiteradas ocasiones su atracción por ese soñador desesperado que era Don Quijote. Con él se llegaría a identificar en la siguiente carta: «Una vez todos fuimos caballeros errantes por el mundo, presos de nuestro sueño, interpretando mal lo más tenue, endosando lugares comunes hasta que se convertían en algo noble y raro, mostrando una triste figura». En otras cartas se recogen fragmentos dignos de sus idealizadas novelas de juventud: «Así, tu caballero andante llegará sin otro bagaje que su corazón amante y desprovisto de armas, habiendo dejado el veneno y la daga en casa a disposición de un posible rival. Le come la impaciencia por verte y hablarte de su devoción hacia ti, añadiendo que, si es necesario, está dispuesto a protegerte y defenderte contra amigos y enemigos».

Hay autores, como Kohut, Robert, Granoff o Santiago Dubcovsky, que encuentran que en el amor que Freud sentía por Martha persiste su ambición, tal vez inconsciente, de ascender de categoría social y dejar atrás definitivamente la vida de pobreza de su barrio de Leopoldstatd. Pese a que tal interpretación sea muy plausible, también cabe mencionar que Freud nunca ocultó a su prometida cuál era su auténtica situación social y económica:

> *Para que sepas a qué atenerte respecto a tu amado, te diré que no esperes grandes cosas de él. Viste una chaqueta gris deformada e ingrata a la vista y pantalones claros, y hoy adquiría un sombrero gris de fieltro como el de tu hermano, pero más barato (...) También conoces el tosco bastón, la cartera con tu fotografía y el dedo con el anillo (...) Sin embargo, será suficiente para nuestra felicidad que nos presentemos como una pareja de novios más ante el Sol que pone su luz en todas las cosas.*

Hay una carta significativa en la que se desprende, aunque oculta bajo la ironía de las palabras, la frustración y el complejo de inferioridad que sentía Freud cuando se ponían de manifiesto sus escasos recursos económicos. En ella escribiría tras enterarse de que Martha había percibido una suma considerable de dinero de una familiar: «Maldigo el día que te has vuelto tan rica que yo, como el personaje de una novela mala, me veo obligado a preguntarte cortésmente si deseas seguir siendo mi prometida, pues no quiero interponerme en el camino de tu felicidad». Pese a todo, siempre creyó que podría ofrecer a Martha un futuro mejor: «La parte de felicidad a la que Martha renunció al hacerse mi novia será compensada más tarde», «Serás mi mujer antes de lo que pensamos y no tendrás que sentirte avergonzada de haberme esperado tanto tiempo», «Una princesa elegante me ama, y cuando tenga dinero (mi confianza en mí mismo me dice que lo tendré) le compraré los vestidos más bellos y jamás podrá ocurrírsele a nadie que no está casada con un príncipe», «Ayer, Dolfi, me decía que sería maravilloso si algún día puedes decir, orgullosamente, desde luego: "Esperé cuatro años a mi marido"».

Freud era capaz de aunar las posiciones más conservadores con las actitudes más insurrectas. Tras ese hombre que derribaría muchos de los tabúes intocables de su época y que se había autoimpuesto la misión de terminar con la sociedad desexualizada de su tiempo, había también un Freud capaz de defender las posturas más tradicionalistas cuando se le mentaban ciertos valores familiares y sociales. Así, pese a acoger con gusto el carácter insurrecto de la pluma de Stuart Mill, uno de los primeros defensores de los derechos básicos de la mujer, cuando se refirió a él en una carta que dirigió a su prometida no pudo evitar verter sobre su obra los siguientes comentarios:

> *Recuerdo que uno de los principales argumentos en el libelo [de Mill] que traduje consistía en que la mujer casada puede ganar tanto como el marido. Yo estimo que el cuidado de la casa y de los niños, así como la educación de éstos, reclama toda la actividad de la mujer, eliminando prácticamente la posibilidad de que desempeñe cualquier profesión. Y seguirá siendo así el día en que las cosas se simplifiquen y los adelantos liberen a la mujer de la limpieza, la cocina, etcétera. Él olvidó todo esto, del mismo modo que omitió todas aquellas relaciones que toman como base el sexo. Éste es un tema en que Mill no se muestra muy humano. Su autobiografía es tan pazguata o tan fría que, leyéndola, uno jamás sospecharía que la humanidad está dividida en dos sexos, ni que esta diferencia es la más importante que existe. (...) En todos sus escritos no hay una sola línea de la que pueda desprenderse que la mujer es diferente del hombre, lo cual no supone que sea menos, sino más bien lo contrario. Encuentra, por ejemplo, analogía entre la opresión de la mujer y la que sufren los negros. Cualquier muchacha a*

la que, aun sin poseer voto ni derechos civiles, hubiese
besado la mano un hombre, ofreciéndole arriesgarlo
todo por su amor, podría haberle abierto los ojos en este
punto (...) Me parece una idea muy poco realista la de
enviar mujeres a la lucha por la existencia como si fue-
ran hombres. ¿He de pensar en mi dulce y delicada niña
como en un competidor? Después de todo, la contienda
podría terminar sólo diciéndole, como hice hace dieci-
siete meses, que la amo y que haré todo lo que sea pre-
ciso para mantenerla alejada de la lucha por la existen-
cia en la sosegada e ininterrumpida actividad de mi
hogar (...) Es posible que una educación distinta pudiera
suprimir todas las delicadas cualidades femeninas —tan
necesitadas de protección y al mismo tiempo tan podero-
sas— con el resultado de que podrían ganarse la vida
como cualquier hombre. Mas quizá, en este caso, no
existiría justificación para la melancolía originada por la
desaparición de lo más hermoso que el mundo puede
ofrecernos: nuestro ideal femenino. (...) la naturaleza
habrá demarcado ya a la mujer, por su belleza, encanto
y bondad, para otra clase de empresa.

La actitud sexista que se desprende en toda la carta no refleja más que la opinión mayoritaria de la sociedad de su tiempo. Pero en el caso de Freud, hay que conjugar esos prejuicios conservadores con su inseguridad personal y sus patológicos celos; cuando en enero de 1885 su novia, ilusionada, le preguntó en una carta si le permitía aprender a patinar, Freud le respondió con un imperativo insultantemente sincero: «A la pregunta de si te dejo patinar te contesto rotundamente que no. Soy demasiado celoso para permitir una cosa así. Yo no sé patinar y, aunque supiera, no tendría tiempo para acompañarte, y alguien habría de hacerlo, de modo que quítatelo de la cabeza».

Tras vencer las resistencias de Emmeline, y no sin que la pareja pasara sus malos momentos, por fin, en septiembre de 1886, y gracias a la ayuda económica que familiares y amigos prestaron a los novios, se celebró en Wandsbeck la largamente pospuesta boda.

Fueron precisas dos ceremonias para la validación del matrimonio, una civil celebrada el 13 de septiembre y otra religiosa sucedida al día siguiente que se llevó a cabo ante el inevitable disgusto del novio.

La pareja se alojó en el número 8 de la calle Marie Theresienstrasse, en la *Sühnhaus* («Casa de la Expiación»), un edificio residencial construido sobre los restos de un viejo teatro que había ardido trágicamente unos pocos años antes cobrándose casi cuatrocientas víctimas. Freud, demasiado racional como para sentir escrúpulos por la historia del edificio, decidió alquilar allí un espléndido apartamento que también utilizó como consulta médica (además, es posible que la leyenda negra que se levantó sobre el lugar, que apartó a los compradores más supersticiosos, produjera un abaratamiento en las viviendas).

El nacimiento del tercer hijo obligó a Martha y a Sigmund a abandonar esa casa de cuatro habitaciones y trasladarse en agosto de 1891 a un hogar más espacioso —pero mucho menos prestigioso— situado en la calle Bergasse número 19. Según Ernest Jones, su maestro alquiló esa casa movido por un impulso irrefrenable: «De pronto se sintió enormemente atraído por la casa y entró: inspeccionó el apartamento que se ofrecía en alquiler, decidió que satisfacía las necesidades de la familia y sin más firmó el contrato». Tal vez hallemos la explicación a tan espontáneo acto si consideramos que ése era exactamente el hogar en el que se había alojado Victor Adler, el afamado médico y dirigente del Partido Socialdemócrata, circunstancia que tal vez despertó en Freud cierta mitomanía romántica que le llevó a establecerse en el mismo lugar donde había habitado la célebre figura vienesa. Por otra parte, Freud también había visitado allí a uno de sus mayores ídolos de juventud, su amigo Heinrich Braun, aspecto que contribuiría a comprender la elección desde una perspectiva mitómana. Cuando Martha vio por primera vez su futuro hogar, tan deslucido y sombrío, no pudo ocultar su disgusto, aunque, tal y como señala Jones, «no protestó. Se dio cuenta de que su esposo no sólo había firmado el contrato de alquiler, sino que había puesto su corazón en aquella casa». Muchos visitantes compartieron la opinión de Martha, e incluso hubo algunos que la consideraron «indigna» de alguien del renombre de Freud.

Jones también recoge en su biografía una anécdota que alude a la firmeza y seguridad que mostró Martha en el momento de depositar su firma sobre el acta de matrimonio: «Setenta y cinco años más tarde la señora de Freud recordaba aún con toda claridad el comentario que había hecho el funcionario acerca de la forma decidida en que ella estampó su nueva firma, sin ninguna vacilación». Jones parece corroborar con estas palabras la imagen de esa Martha fuerte y perseverante que pintó Freud en algunos de sus recuerdos, aquella que, según él, terminó venciéndole con sus resistencias. Sin embargo, este retrato no parece concordar con la mujer que recuerdan aquellos que tuvieron oportunidad de tratar con ella. Tras la boda, mientras Freud comenzaba a refugiarse en el trabajo y en sus amigos más íntimos, Martha, nunca interesada realmente por la labor médica de su marido, se construyó un escenario burgués en el que interpretó con eficiencia su papel de conservadora ama de casa. Martha, educada en el judaísmo ortodoxo, era también una mujer anclada en los valores tradicionales y consideraba tan aberrantes como Freud las teorías feministas que a medida que avanzaba el XIX iban cobrando mayor importancia en Europa. «La esposa debe ser el ornamento más hermoso del hogar», le había escrito su prometido durante el noviazgo. Ella había estado de acuerdo.

Freud también procuraría derribar de la forma más violenta las convicciones religiosas que Berman Bernays y su esposa Emmeline habían inculcado a su enamorada. Tras el matrimonio, prohibió toda manifestación ritual judaica en su casa, sin que para él importaran los deseos de Martha.

La propiedad que sobre Martha ejerció Freud también se ve en un hecho significativo: la esposa nunca tuvo voz ni voto a la hora de decidir el nombre de sus hijos. En nueve años Martha tuvo seis hijos, tres niños y tres niñas; el 16 de octubre de 1887 nació *Mathilde*, la primera hija del matrimonio (Freud eligió este nombre en recuerdo de la amistad que tenía con Josef Breuer y su esposa Mathilde); siguieron Jean Martin (nombre elegido en homenaje a Charcot), que nació el 7 de diciembre de 1889, y Oliver (en recuerdo de uno de los héroes de adolescencia de Freud, el político y estratega militar Oliver Cromwell), nacido el 19 de febrero de

1891. Los siguientes hijos fueron Ernst (que recibió tal nombre en honor del viejo maestro Brücke), Sophie (en honor a la esposa de Joseph Paneth) y Anna (como manifestación de afecto hacia una de las hijas de su viejo profesor de hebreo, Samuel Hammerschlag), nacidos, respectivamente, el 6 de abril de 1892, el 12 de abril de 1893 y el 3 de diciembre de 1895.

Algunos autores —como Louis Breger— aluden a la posibilidad de que los sucesivos cambios físicos de Martha causaran cierta repulsa en Freud, ya que, desde entonces, el romántico objeto de su pensamiento de noviazgo pasó para él a un plano descaradamente secundario. De hecho, también se ha conjeturado con la posibilidad de que la probable infelicidad sexual del matrimonio (fruto de la educación conservadora y de la inexperiencia anterior de la pareja) contribuyera a la formación de las teorías freudianas sobre el origen sexual de las neurosis. Sea ello cierto o no, lo cierto es que, tras el nacimiento de Anna, la pareja decidió vivir en la abstinencia sexual, circunstancia que seguramente influenció algunos de los textos psicoanalíticos posteriores (un buen ejemplo de esto sería el ensayo *La moral sexual «cultural» y la nerviosidad moderna*, de 1908, donde aparece un párrafo tan significativo como el siguiente: «Al cabo de (...) tres, cuatro o cinco años, el matrimonio falla por completo en cuanto ha prometido la satisfacción de las necesidades sexuales, pues todos los medios inventados hasta el día para evitar la concepción disminuyen el placer sexual, repugnan a la sensibilidad de los cónyuges o son directamente perjudiciales para la salud»). Freud afirmó que las frustrantes normas de la sociedad provocaban la histeria del individuo, y aunque sí que defendía con hobbesianos argumentos la existencia de mecanismos de coerción social, siempre denigró la pésima influencia que las reglas morales de la sociedad victoriana de su tiempo ejercían sobre la vida sexual. Aunque a Freud no le faltaba razón respecto al carácter asfixiantemente retrógrado de su sociedad, debe comentarse que otros personajes, como por ejemplo el escritor Arthur Schnitzler, que vivieron exactamente en el mismo contexto que criticó Freud, no parecieron sufrir las restricciones que padeció Freud a lo largo de su vida, por lo que es posible que el hombre que consideró una etiología sexual de las neurosis tal vez simplemente intentara extrapolar sus inseguridades personales al resto de la sociedad vienesa.

Independientemente de tales conjeturas, lo cierto es que el Freud apasionado; el novelesco y desesperado por el amor; el celoso, egoísta e irracional; el que sólo podía concebir la emoción de la existencia a través de la visión de Martha y que recomendaba enfebrecidamente a su prometida que se cuidara... desaparecería con el matrimonio. Desde entonces Freud pareció confiar sus secretos más íntimos a sus amigos más cercanos, con quienes, en algunos casos, desarrollaría una sorprendente relación de dependencia que él mismo llegaría a calificar de «homoerótica» (siendo la relación con su colega Wilhelm Fliess el caso más acusado). A ellos exigiría lo mismo que había pedido a Martha: apoyo y obediencia.

Las experiencias con la cocaína

En su búsqueda de una vía que le permitiera escapar de ese noviazgo preocupantemente aplazado por culpa de las imposibilidades económicas, Freud abrazó un descubrimiento que, pese a que no fue más que un carácter anecdótico en su vida, podría haberle ocasionado irremediables y nefastas consecuencias. El joven médico pasaba por aquel entonces algunos de los momentos más inestables de su vida. Estaba apasionadamente enamorado de una mujer a la que no podía prometer ningún futuro acomodado y estable. Temía también que esa mujer no mantuviera su promesa de compromiso y que acabara en los brazos de un rival mejor posicionado social y económicamente. Ni siquiera su refugio contra el mundo, la ciencia, parecía satisfacerle.

En medio de esa caótica situación personal apareció en su vida la por aquel entonces desconocida cocaína (un alcaloide proveniente del arbusto andino «Erythroxylon coca» del que le llegaron noticias gracias a los artículos publicados por Theodor Aschenbrandt) y comenzó a considerar que tal vez con ella podría hallar la vía hacia la fama y el prestigio que durante tantos años había buscado sin éxito. Si bien había habido pioneros en su estudio nadie había evaluado aún las posibilidades terapéuticas del alcaloide. Sí que es cierto que algunos médicos recetaban compuestos con cocaína creyendo que con ello fortalecerían a sus pacientes, y no debe olvidarse tampoco que algunos avispados personajes utilizaron la coca como ingrediente fundamental de algunas bebidas de gran éxito (el Vin Mariani de Angelo Mariani y la Coca-Cola de John Pemberton fueron las más propagadas), pero se puede decir que Freud pugnó por ser el primero en ofrecer al mundo las posibilidades medicinales del alcaloide.

El 21 de abril de 1884 Freud enviaba a Martha la primera de las cartas que constituyen el que podríamos denominar «ciclo de la cocaína»:

> También albergo cierto proyecto que creo que debo participarte. Es probable que tampoco dé resultado. Se trata de un experimento terapéutico. He estado leyendo cosas acerca de la cocaína, ingrediente que contienen las hojas de la coca y que mascan algunas tribus indias para hacerse resistentes y soportar privaciones y fatigas. Un alemán ha experimentado esta droga en varios soldados y sus informes afirman que, efectivamente, les dio resistencia y vigor. En consecuencia, he encargado cocaína y por razones evidentes voy a intentar aplicarla en el tratamiento de las enfermedades cardiacas y más tarde en la fatiga nerviosa, particularmente en el horrible estado que se manifiesta cuando se retira una persona de la morfina.

Como se ve, Freud ponía distancias a sus esperanzas, pero lo cierto es que deseaba fervientemente que el experimento tuviera éxito.

Cuando pocos días después Freud pudo experimentar por primera vez sobre sí mismo los efectos de la cocaína, sintió que se hallaba ante la solución a todos sus problemas. Descubrió que con ella se sentía mucho más fuerte, vital y vivaz; incluso notó que, tras la ingestión, su mente se despojaba de todas sus tristezas. Eclipsado y emocionado por el hallazgo, Freud empezó a repartir cocaína entre sus conocidos, pacientes y amigos; e incluso envió a su novia Martha algunos gramos «para fortalecerla y dar un poco de color a sus mejillas». Pese a todo, y aun con los interesantes datos que ofrece Peter Gay, que advierte que Freud recetó cantidades preocupantemente altas a su prometida, no existen testimonios que manifiesten una dependencia importante de Martha por la sustancia.

Como hemos visto, Freud expuso con demasiada ligereza sus nuevos descubrimientos a aquellos que le rodeaban; entre ellos, a un colega de departamento del Hospital General de Viena llamado Karl Koller, que, inspirado por Freud, realizó algunos experimentos con cocaína que le permitieron comprobar que ésta podía utilizarse como un efectivo anestésico local para las operaciones oculares. Sin embargo, el joven Freud no pareció demasiado molesto ante ello, ya que creía que la utilización que él iba a dar a la sustancia iba a suponer un logro científico mucho más importante que el de Koller. Sin embargo, al final, para gran consternación de Freud, el que acabó llevándose la fama y el reconocimiento médico por el descubrimiento terapéutico de la cocaína no fue otro que su compañero de laboratorio.

Freud plasmó los resultados de sus investigaciones en un entusiasta artículo titulado «Sobre la coca», publicado en julio de 1884, en el que comentó los posibles usos medicinales que la nueva sustancia podía ofrecer a la humanidad. Advertido del carácter subjetivo del texto (demasiado para alguien que estaba tan acostumbrado al rigor científico) intentó escribir seis meses después otro artículo llamado «Contribución al conocimiento de los efectos de la cocaína», en el que trató de exponer de la forma más objetiva posible (exponiendo los resultados de las experimentaciones realizadas) las ventajas médicas que podía reportar el uso de la cocaína.

Las ilusiones de Freud se truncarían con los primeros informes médicos que aludieron al síndrome de dependencia que ocasionaba la ingestión de la sustancia. Aún intentaría contestar Freud esos historiales con el artículo «Anhelo y temor de la cocaína» (julio de 1887), en el que afirmó que tales efectos secundarios sólo se podían dar en aquellos sujetos adictos a la morfina que hacían mal uso del nuevo tratamiento.

Sin embargo, cuando empezaron a circular informes médicos que afirmaban, ya sin que cupiera discusión alguna, la problemática que ocasionaba la ingestión de esta droga, Freud empezó a comprender que la oportunidad de hallar la fama estudiando los efectos de la cocaína se había desvanecido de sus manos. Es más, a raíz de este episodio, pasó a ser ante la comunidad científica un médico inconsciente que había estado recetando una sustancia desconocida a un buen número de pacientes sin estar seguro de los efectos negativos que ésta podía producir.

La aventura con la cocaína cuenta con un suceso mucho más trágico protagonizado por uno de los mejores amigos de Freud, un joven médico llamado Fleischl-Marxow a quien el primero había conocido durante el trabajo que ambos habían desarrollado en el laboratorio de Brucke: «Acomodado, experto en todos los juegos y deportes —comentaría Freud a su prometida en una de sus cartas—, con la impronta del genio en sus facciones varoniles, apuesto, refinado, dotado de talento multiforme, capaz de formar juicios originales acerca de la mayoría de las cosas, ha sido siempre mi ideal y no me sentí satisfecho hasta que nos hicimos amigos», «Lo admiro y lo amo con una pasión intelectual, si me permites la frase». El destino del idealizado amigo (una vez más, se convirtió en uno de esos modelos vivos que Freud trató de imitar) iba a ser dramático: poco antes de conocer a Freud, Fleischl había sufrido un accidente que había obligado a los médicos a amputar parte de su dedo pulgar derecho. Desde entonces padecía intensos dolores (la herida nunca cerró del todo, produciéndose neuromas en el muñón del dedo) que sólo podía calmar ingiriendo grandes dosis de morfina.

Freud, tras conocer la situación de Fleischl, e intentando ver a su amigo libre de la adicción que le producía la droga, comenzó a hablarle de las esperanzas que tenía en su nuevo descubrimiento. El mismo Ernst, que notaba cómo su vida se evaporaba poco a poco ante sus ojos, se agarró desesperadamente a la solución que le ofrecía su preocupado amigo. Sin embargo, las dosis de cocaína no sólo no desintoxicaron a Fleischl de la morfina sino que lo convirtieron en uno de los primeros adictos europeos a la nueva sustancia.

46

Freud no podría hacer nada por su amigo, que moriría en 1891 convertido en un cocainómano que había sido incapaz de abandonar la morfina. Pese a que muy posiblemente su intervención empeoró el estado de Fleischl, Freud hizo todo lo posible para que su amigo mejorase. Pasó noches enteras junto a él, escuchándole, dándole ánimos y administrándole cuidadosamente sus medicinas:

> En todas las ocasiones me pregunto a mí mismo si he de tener que pasar alguna otra vez por una agitación y una excitación como las que he pasado en esas noches (...) Su conversación, sus explicaciones sobre todas las cosas oscuras del mundo, sus juicios sobre las personas de nuestro círculo, su múltiple actividad, interrumpida por estados de completo agotamiento, aliviados por la morfina y la cocaína: todo esto representa un conjunto que no puede ser descrito.

Pese a que la cocaína jugó un papel importante, Freud reduciría el episodio en su *Autobiografía* (1925) a este pequeño párrafo:

> En 1884 llegó a interesarme profundamente el alcaloide llamado cocaína, por entonces muy poco conocido, y lo hice traer de Merck en cierta cantidad para estudiar sus efectos fisiológicos. Hallándome dedicado a esta labor, se me presentó ocasión de hacer un viaje a la ciudad donde residía mi novia, a la que no veía hacía ya dos años, y puse término rápidamente a mi publicación, prediciendo que no tardarían en descubrirse amplias aplicaciones de aquel alcaloide. Antes de salir de Viena encargué a mi amigo el doctor Königstein, oculista, que investigase en qué medida resultaban aplicables las propiedades anestésicas de la cocaína en las intervenciones propias de su especialidad. A mi vuelta encontré que no Königstein, sino otro de mis amigos, Carl Koller (actualmente en Nueva York), al que también había hablado de la cocaína, había llevado a cabo

*decisivos experimentos sobre sus propiedades anestési-
cas, (...) Koller es, por tanto, considerado, con razón,
el descubridor de la anestesia local por medio de la
cocaína, tan importante para la pequeña cirugía. Por
mi parte, no guardo a mi mujer rencor alguno por la
ocasión perdida.*

Cabe mencionar que, según Han Israëls, uno de los principales críticos de las teorías freudianas, autor de *El caso Freud* (obra
en la que presenta una imagen mucho más oscura de la relación
de Freud con la cocaína; y en la que su autor llega a afirmar que
éste «retocó» los informes de sus investigaciones para asegurarse
el éxito entre la comunidad científica), el joven médico ya había
terminado su artículo dos meses y medio antes de dirigirse hacia
Wandsbek, argumento que invalidaría gran parte de las afirmaciones de Freud. Esta circunstancia lleva a pensar que, una vez
más, Freud tergiversó su historia para poder ofrecer una biografía que demostrara a las futuras generaciones que, pese a los
injustos reveses que había sufrido, él estaba destinado ineludi-
blemente a hacerse con un hueco entre los investigadores más
respetados. Por otra parte, también cabe la posibilidad de que
Freud, en 1925, a demasiada distancia del suceso original, cre-
yera recordar que realmente Koller se le había adelantado en el
descubrimiento; ello implicaría que cuarenta años después, por
mucho que dijera lo contrario, Freud aún guardaba ciertos reproches a su mujer por haberle impedido apuntarse la gloria del descubrimiento.

Independientemente de todas estas conjeturas, lo único cierto es
que esta reducción del episodio a mera anécdota no da a la cocaína la importancia que indudablemente jugó en la vida de Freud
durante estos años. El joven médico siguió coqueteando con ella
hasta al menos 1895, ya que sabemos que la noche en la que tuvo
el famoso sueño de la inyección de Irma (en julio de ese mismo
año), Freud se encontraba bajo los efectos de la sustancia. Algunas
corrientes consideran que debe darse una mayor importancia al
papel que jugó la cocaína en la configuración de la metodología
freudiana; no en vano, fue durante estos últimos años del siglo

cuando Freud comenzó a intuir los conceptos básicos del psicoanálisis; sin embargo, aunque es cierto que gracias a ella Freud comprobó que se podían crear efectos psicológicos artificiales a través de estímulos externos, su influencia debe concomitarse con otros aspectos (principalmente contextuales) que muy posiblemente jugaron una mayor relevancia que la cocaína. En definitiva, hasta que no se conozcan más datos de la auténtica relación de Freud con la droga, resultará muy difícil concretar el alcance real que jugó esta sustancia en su vida y sus teorías.

IV.   JEAN-MARTIN CHARCOT: HISTERIA Y LOCURA

Pese a ser una de las figuras más fascinantes y controvertidas del París decimonónico, Jean-Martin Charcot, «el emperador de las neurosis», es hoy en día más conocido por la indirecta influencia que sus enseñanzas ejercieron sobre Freud y el psicoanálisis que por sus básicas aportaciones al campo de la neurología.

La figura de Charcot ha generado variopintos testimonios que constituyen un fiel reflejo del carácter contradictorio de este personaje y de las discrepancias que sus acciones ocasionaron entre los círculos parisinos. Da la sensación de que a cada argumento halagador y forjador de una historia plena de luces sobre su figura le conteste un texto destinado a erigir una «leyenda negra» que contrarreste todo lo anterior. En el primer grupo tenemos los textos afines y hagiográficos de su discípulo Lyubimov, quien sobre él diría:

> Además de un extraordinario profesor, científico y artista, Charcot era extremadamente humano con sus pacientes; tampoco toleraba que se dijera nada desagradable acerca de nadie en su presencia. Era equilibrado y afectivo, muy prudente en sus juicios, que sabía hallar de un vistazo el valor de las personas. Su vida familiar era feliz y armoniosa; su esposa, que era viuda y ya tenía una hija cuando se casó con él, le ayudaba e intervenía en numerosas organizaciones de caridad. Prestó gran atención a la educación del hijo de ambos, Jean, que había elegido por su propia voluntad la carrera de Medicina, y cuyas primeras publicaciones científicas fueron una gran alegría para su padre.

Sin embargo, otros testimonios presentan a Charcot como un hombre egocéntrico incapaz de aceptar las críticas que ocultaba, tras un perfil a primera vista afable, un carácter tormentoso e intransigente. Los testimonios clásicos contrarios al parisino son los de los hermanos Goncourt, que de él afirmarían:

> *Era ambicioso, envidioso y sentía un feroz resentimiento contra quienes declinaban las invitaciones a sus recepciones; era déspota en la universidad y duro con sus pacientes, e incluso era capaz de hablarles bruscamente de su próxima muerte; sin embargo, se acobardaba cuando era él quien se sentía enfermo. Era un tirano con sus hijos y obligó a su hijo Jean, que tenía la ilusión de ser marino, a convertirse en médico. Como científico, Charcot era una mezcla de genio y charlatán.*

Hacia 1882, el llamado «emperador de las neurosis» por sus contemporáneos, se había convertido en una de las figuras más populares de la Francia de su tiempo. Jean-Martín Charcot se movía cómodamente entre los círculos y salones de la alta sociedad parisina y se codeaba con sus personajes más sobresalientes e influyentes. En 1882, León Gambetta, político francés que había sido presidente de la Cámara en 1879 y que en esos momentos ocupaba el cargo de presidente en el Consejo de Ministros, creó exclusivamente para él la primera cátedra de Neurología que se abría en el mundo. Un año después, en 1883, el parisino era nombrado miembro de la Academia de las Ciencias.

Charcot se convirtió en un personaje de tal relevancia social gracias a las investigaciones sobre las afecciones del sistema nervioso que había realizado en la Salpêtrière, el hospital en el que se confinaban los enfermos mentales de París. La Salpêtrière fue la hija de una época que apartó definitivamente los últimos escollos medievales para colocar en su lugar la primacía de la razón. El filósofo estructuralista francés Michel Foucault expuso, y no sin cierta polémica, en *Historia de la locura en la época clásica* (obra que conviene mencionar aquí para entender las consecuencias del psicoanálisis freudiano) las diferentes respuestas que las sociedades y los mecanismos de poder habían llevado a cabo contra los individuos que manifestaban algún tipo de desorden mental. En este texto planteó su autor lo innecesario de la locura en un planteamiento teórico, desarrollado a partir del Renacimiento, que tenía como eje principal la razón (en contraposición con la mística que la locura ofrecía durante la época medieval). Así, entre otras cuestiones, profundizó Foucault en la auténtica intencionalidad del *Edicto del rey sobre el establecimiento del Hospital General para el encierro de los pobres mendigos de la ciudad y de los alrededores de París,* dictado en 1657 por Luis XIV, que llevó a que los muros del arsenal militar que en origen era la Salpêtrière pasaran a albergar a los enfermos mentales y a los mendigos de la ciudad. Según Foucault, con tal medida, la creciente sociedad basada en las luces pretendía no sólo convertir a los ociosos en miembros útiles para el entramado social (Luis XIV dice en el mencionado edicto: «Queremos y ordenamos que los pobres mendigos válidos e inválidos, de uno y otro sexo, sean empleados en un hospital, para laborar en las obras, manufacturas y otros trabajos, según sus poderes»), sino también silenciar toda locura y superstición que pudiera interferir en el buen funcionamiento del organismo estatal. Este grupo de teorías, argumentadas con criterios piadosos («no por orden de la policía, sino por el único motivo de la caridad») permitía justificar, con el fin de que se constituyera una perfecta maquinaria social, el encierro de los enfermos y ociosos en instituciones inhumanas. Un folleto anónimo de 1676 redundaba en el carácter magnánimo de tal medida: «Esas gentes, que su condición de pobres hacía objeto de compasión de los fieles, eran, por sus costumbres corrompidas, por sus blasfemias y por sus discursos insolentes, los más indignos de la ayuda del público (...) algunos particulares de gran virtud se sintieron tocados por el deplorable estado en que se hallaban las almas de esos pobres cristianos (...)». El texto añade que una vez creado el Hospital General: «Todo París cambió de cara (...) Fue sin duda un acto de la protección de Dios sobre esa gran obra».

El concepto «locura» evolucionó con el transcurrir de las décadas. Charcot y Freud respondieron con sus teorías a la noción que ésta ofrecía a finales del siglo XVIII, aquella que conjugaba el horror, la inmoralidad, la humillación y la crueldad con el atractivo de lo prohibido y oculto. No es casualidad que Donatien-Alphonse-Francois, el Marqués de Sade, autor excluido de lo social por manifestar abiertamente sus pulsiones sádicas y eróticas, se convirtiera en el más paradigmático representante de la nueva concepción dieciochesca. También la locura comenzaría a ser por aquel entonces un retorno a lo perdido, al hombre en estado puro, al hombre feliz en naturaleza, al hombre no alienado por la civilización; una concepción que dejará su impronta en el elogio de la sinrazón que décadas después enarbolarían personajes como Nerval o Nietzsche. Por su parte, el positivismo, defendido fervientemente por Freud (quien, con su psicoanálisis, convertirá la locura en el «anverso de la sociedad»), rechazará esa visión. En palabras de Michel Foucault, «paradójicamente, en el retorno a esa vida fantástica que se mezcla con las imágenes contemporáneas de la enfermedad, el positivismo va a valorar la sinrazón, o más bien va a descubrir una razón nueva para defenderse de ellas».

Básicamente ésa era la concepción de la locura cuando, en 1862, un desilusionado Charcot llegó a la Salpêtrière. Aunque el futuro «emperador de las neurosis» veía con disgusto ese destino, sería allí, en ese particular «museo patológico viviente», donde el parisino desarrollaría sus clásicas teorías sobre la neurosis.

En 1885, cuando Freud llegó a París, Charcot había trasladado sus inquietudes neurológicas hacia un campo poco investigado entre la comunidad médica de su tiempo: la sintomatología histérica. La decisión tendría, a la larga, consecuencias muy negativas para el prestigio científico del parisino.

El concepto «histeria» albergaba un amplio muestrario de síntomas que seguramente eran fruto de muy diversas enfermedades aún desconocidas durante la época. Los médicos, haciendo gala de un espectacular inmovilismo que daba por válidos los planteamientos formulados por los egipcios cuarenta siglos atrás, habían considerado este mal exclusivamente femenino (de hecho, el propio concepto procede de la palabra *hysteron*, que quiere decir «útero» en griego), pero Charcot pretendía cuestionar la visión tradicional desde dos planteamientos, el primero, que la histeria no era un mal que tuviera su origen en una malformación física, y el segundo, que su sintomatología también podía diagnosticarse en el varón.

54

Además, Charcot intentó tratar la sintomatología de la histeria aplicando una metodología en la que la hipnosis (considerada por aquel entonces una práctica propia de charlatanes) cobraba importancia primordial. Pero «el emperador de las neurosis» cometió el grave error de no someter a cierta autocrítica la validez de sus conclusiones. Orgulloso de los primeros resultados positivos obtenidos, Charcot pretendió, tras asegurar lo infalible de su tratamiento, autoerigirse como el hombre capaz de curar las enfermedades de la mente, una misión que desarrolló de manera un tanto sensacionalista al convertir sus lecciones en un espectáculo de tintes teatrales al que asistía un público de artistas, médicos, escritores y curiosos que quedaban ensimismados por sus «infalibles» demostraciones. La *Lección clínica de Salpêtrière al servicio del profesor Charcot,* lienzo pintado por André Brouillet (y del que muy gustosamente colgó Freud, al igual que otros muchos hombres de ese tiempo, una copia en su consultorio), es buena muestra del carácter público de tales intervenciones. En él aparece Charcot, protagonista absoluto, rodeado de un grupo de interesados asistentes; a su lado, se encuentra una corpulenta dama de voluminosos pechos, Blanche Wittman, «la reina de las histéricas», modelo paradigmático de la metodología utilizada por Charcot para estudiar la histeria y una de las pacientes favoritas del público que asistía a las lecciones públicas del conocido «emperador de las neurosis». Sosteniendo a Blanche encontramos, bajo una piadosa mirada, al joven médico Joseph-Francois-Félix Babinski, y, junto a él, la otra mujer del cuadro, la atenta mademoiselle Marguerite Bottard, por aquel entonces enfermera jefe de la Salpêtrière.

El hecho de que ese lienzo estuviera en los despachos de algunas de las figuras más prestigiosas de la época demuestra la popularidad que alcanzó Charcot a través de esas lecciones; sin embargo, este reconocimiento sufrió un duro golpe cuando se descubrió que algunos de los enfermos presentados en público fingían y escenificaban, probablemente sin que el maestro lo supiera —o al menos, eso es lo que parecen indicar las investigaciones que se han realizado sobre su figura—, la metodología que Charcot defendía a la hora de tratar la histeria. También se supo que otros pacientes estaban inducidos por la hipnosis, seguramente también a espaldas de Charcot, para «representar» con mayor corrección las teorías del parisino. El resultado llevó a un desmerecimiento tan acusado de la valía de Charcot que a punto estuvo de enterrar todos los logros precedentes.

Lo cierto es que la mayor parte de los dogmas de Jean-Martin Charcot no pudieron sobrevivir sin el carisma de su creador; sin embargo, éstos dejaron su impronta en una serie de personalidades (Sigmund Freud destacaría por encima de todas) que pudieron estudiar con una diferente perspectiva temas que hasta entonces habían sido totalmente desestimados por la medicina.

En marzo de 1885 Freud formalizaba su petición de beca para ampliar estudios en París. Pese a que desconfiaba de los mecanismos partidistas con los que éstas se otorgaban, sabía que tenía poderosos protectores que lo avalarían y defenderían en la comisión que iba a estudiar su caso (entre los que destacaba Ernst Brücke, que defendió fervorosamente a su alumno, pese a que el mismo Freud desconfiara de la valía de su profesor para hacerse notar). El fallo de la beca fue favorable, y así, a mediados de octubre, tras una pequeña escala de seis semanas que pasó junto a Martha en Wandsbek, Freud pudo pisar París por primera vez.

Freud acabó deslumbrado por las tonalidades brillantes de la París decimonónica, representadas por las formas y olores de sus calles, las visitas al museo del Louvre (a cuya exposición de antigüedades asirias y egipcias le gustaba ir), las representaciones de Sara Bernhardt («La risa se interrumpe, ante la vida y el embrujo que emana de cada pulgada de esa diminuta figura») y los pasillos de la catedral de Notre Dame (a cuyas torres le gustaba escalar, para estar «entre los monstruos y los grotescos diablos»); pero, pese a todo lo anterior, la estancia de Freud en París quedó ensombrecida por otras gamas, mucho menos lúcidas, directamente relacionadas con la sensación de soledad que le perseguiría durante los primeros momentos transcurridos en la capital. Las experiencias negativas hicieron que el recién llegado desarrollara una francofobia que le llevó a denigrar el carácter de la sociedad francesa, demasiado «arrogante» e «inaccesible» para él. Llegaría a decir a Martha que las muchachas de París carecían de belleza alguna y que Francia se caracterizaba por ser «el pueblo de las epidemias psicológicas». Freud demostraba con esos argumentos sus prejuicios morales de burgués conservador incapaz de compartir el carácter liberal de la cultura gala. Se sentía extraño en una sociedad de costumbres extrañas, un aspecto al que no apoyaba precisamente su pobre dominio del francés, que le impedía relacionarse satisfactoriamente con aquellos que le rodeaban. También le entristecían los continuados problemas económicos que le ocasionaba la estancia en París, ya que la beca otorgada para sus estudios era incapaz de cubrir los gastos que le producía la gran ciudad. Además, en aquellos momentos, Freud tampoco podía contar con el apoyo fiduciario de su familia. Y tampoco olvidemos que, en ese momento, su adorada Martha estaba muy lejos de él. El sueño de Freud era casarse con ella, pero para tal ilusión, necesitaba reunir una cantidad suficiente de dinero que pudiera asegurar la independencia económica tras la boda; un deseo que cada vez parecía más lejano, ya que, en esos momentos, no sólo no podía ahorrar, sino que para la subsistencia más básica dependía de los préstamos que le realizaban sus amistades.

En un principio las sombras parecieron imponerse a las luces, hasta el punto de que, tras los dos primeros meses, Freud estuvo a punto de regresar a Viena. Pero las cosas mejoraron cuando Freud, avalado por su experiencia anterior como traductor, decidió ofrecerse a Charcot para transcribir al alemán el tercer tomo de sus *Leçons*. El joven estudiante recién llegado de Austria debió de resultar convincente a Charcot, ya que éste no sólo le encargó la traducción del susodicho tomo, sino que también le ofreció la elaboración del siguiente volumen. A raíz de ese encuentro, las cosas mejoraron significativamente para Freud. Incluso asistió, invitado por Charcot, a algunas fiestas de la alta sociedad parisina. Sin embargo, Freud no se movía bien en estos ambientes, que consideraba aburridos y agobiantes. Como diría en una carta a Martha fechada el 2 de febrero de 1886 refiriéndose a una de esas veladas: «La cosa resultó tan aburrida que casi exploté, y sólo la cocaína impidió este desenlace».

Los testimonios que daría Freud sobre Charcot no pueden resultar más halagadores. De él diría en una carta fechada poco después de su llegada a París:

Es un hombre alto, de cincuenta y ocho años, y llevaba sombrero hongo. Tiene los ojos oscuros y extrañamente suaves (o, mejor dicho, uno de ellos, pues el otro carece de toda expresión y lo tuerce hacia dentro), y largos mechones de pelo que se acumulan tras las orejas. Va afeitado y sus facciones son expresivas, con labios gruesos y protuberantes. Aseméjase, en una palabra, a un cura mundano, del que pudiera esperarse un vivo ingenio y una marcada tendencia a la buena vida. Se sentó y empezó a reconocer a los pacientes. Me impresionó la brillantez de sus diagnósticos y el vivo interés que mostraba por todo, y que contrastaba con la actitud de nuestros grandes hombres, que como sabes, se revisten con una capa de superficialidad seudodistinguida.

Poco tiempo después, Freud se desharía en halagos con el electrizante maestro:

Charcot, que es uno de los médicos más grandes que han existido y un hombre cuyo sentido común raya el genio, está, sencillamente, destruyendo todos mis objetivos y opiniones. A veces, salgo de sus clases como de Notre Dame, con una idea totalmente nueva de lo que es la perfección; pero me deja exhausto. Después de estar con él se me quita todo deseo de trabajar en mis tonterías. Hace tres días que no hago nada y no tengo el más pequeño remordimiento. Mi cerebro se queda tan saciado con él, como después de haber pasado una velada en el teatro (...) No sé si esta semilla dará fruto; pero sí puedo afirmar que ningún otro ser humano había causado nunca tan gran efecto sobre mí.

Freud, por lo tanto, se rendía y aceptaba, fascinado y atrapado por Charcot, el dominio del maestro.

Freud viajó a París con el objetivo de ampliar sus estudios sobre anatomía cerebral, pero, pese a adquirir allí valiosos conocimientos sobre tal materia, salió de la capital mucho más interesado en la metodología charcotiana de la histeria que en todo lo que había aprendido en el campo neurológico. Charcot había demostrado a Freud que existían campos inexplorados en la mente que escapaban al raciocinio del determinismo fisiológico médico de la época. El descubrimiento de que determinados traumas que hasta entonces se consideraban motivados por una lesión física podían ser inducidos a través de la hipnosis abría un camino que permitía reflexionar sobre las acciones que la mente humana podía realizar sobre el cuerpo. Obviamente, esto no implica que Charcot fuera el causante directo del descubrimiento del inconsciente freudiano, pero sí que permite afirmar que los meses que Freud pasó junto a Charcot fueron relevantes para que el primero cambiara significativamente sus percepciones sobre los mecanismos de la mente.

Freud abandonaría años después muchas de las ideas de Charcot, ya que consideraría que desde ellas no podría crear un cimiento estable que pudiera sostener sus teorías sobre el psicoanálisis, pero siempre le quedaría el recuerdo de la grandeza del parisino.

V. EL NACIMIENTO
DEL PSICOANÁLISIS

Poco después de su llegada a Viena, en abril de 1886, Freud renunció definitivamente a su cargo en el Hospital General y abrió en su nueva residencia, situada en la calle Rathausstrasse número 7, una consulta particular con la que esperaba obtener ingresos suficientes para poder acometer por fin la boda con su prometida y, a la vez, poder aplicar sobre sus primeros pacientes las enseñanzas que el maestro Charcot le había transmitido en París. Ya el 25 de abril apareció en la sección local del periódico *Neue Freie Presse* el siguiente anuncio: «El doctor Sigmund Freud, docente en Enfermedades Nerviosas de la universidad, acaba de regresar de una estancia de seis meses en París y atiende actualmente en 1, Rathausstrasse n°7, de 1 a 2, 30».

Antes de poder dedicarse por completo a la práctica de la medicina, Freud tuvo que acudir a Olmütz para realizar unas maniobras militares en las que sirvió como cirujano mayor del ejército. Durante su adolescencia Freud había manifestado gran interés por las campañas militares de la guerra franco-prusiana e incluso había seguido las operaciones de los bandos enfrentados en un mapa de grandes dimensiones que había colocado sobre su escritorio; ahora, sin embargo, tras el descubrimiento de la vida militar, Freud no hará otra cosa que manifestar abiertamente el rechazo hacia la concepción jerárquica del ejército; «desdichados», «envidiosos», «papagayos» y «prepotentes» serán algunos de los adjetivos que Freud dedicará en sus cartas a sus compañeros y superiores.

El 15 de octubre de 1886, después del periplo en el ejército austriaco, Sigmund Freud mostró orgulloso, en una conferencia proferida ante importantes representantes de la medicina de su entorno, los resultados de sus enseñanzas en París. Allí, frente a un público muy poco dispuesto (o al menos, eso dijo Freud) a aceptar la existencia de una histeria masculina (el título de su conferencia era «Histeria en el hombre»), el joven médico fue presentando, una por una, las tesis principales que sobre ese tema había construido su admirado maestro Charcot: «Personas de gran autoridad —diría Freud en su *Autobiografía*—, como el doctor Bamberger, presidente de la misma, las declararon increíbles. Meynert me invitó a buscar en Viena casos análogos a los que describía y a presentarlos a la sociedad. Mas los médicos en cuyas salas pude hallar tales casos me negaron la autorización de observarlos». Freud no pudo ocultar su decepción cuando vio que era su mentor Theodor Meynert quien profería el mayor número de objeciones a sus planteamientos. El alumno se sintió especialmente herido cuando su profesor le retó a demostrar sus argumentaciones presentando ante la comunidad científica un caso de histeria masculina que obedeciera a la sintomatología que estaba defendiendo. Aunque poco después Freud presentó ante la Sociedad de Médicos «un caso clásico de hemianestesia histérica en un sujeto masculino» ninguno de los integrantes de la Sociedad le prestó excesiva atención.

Debe advertirse que Freud exageró el tono de la historia para que la sensación de aislamiento que había sufrido ante la sociedad médica de su tiempo pareciera mucho mayor. Lo cierto es que, aunque no hay duda de que recibió severas críticas, la histeria masculina no era tan desconocida entre la comunidad médica de la época como quiso hacer creer Freud.

En el ámbito neurológico Freud era un hombre mucho más respetado por sus compañeros. En 1891 con *La concepción de las afasias (Estudio crítico)* se llevó las felicitaciones y los aplausos de la mayoría de sus colegas. Pese a que en la obra también contestara, aunque discretamente, el mecanicismo de la medicina de su época (la obra ofrece pequeños visos de su pensamiento futuro que resultan interesantes si se pretende rebuscar en los orígenes del psicoanálisis) las afirmaciones expuestas en ella no tenían poder suficiente como para causar una respuesta tan negativa como la que habían producido sus textos anteriores. Este libro, junto a dos monografías, esta vez sobre parálisis infantiles, volvieron a colocar a Freud en una posición respetable entre sus compañeros de profesión; Hermann Nothnagel incluso le confió por aquel entonces la redacción de un texto (nuevamente dedicado a las parálisis infantiles) que acabó formando parte del prestigioso *Manual de patología y de terapia especiales*. Pero, aunque llevó a cabo el encargo con enorme dedicación (el texto consta de 327 cuidadas páginas), Freud ya no se sentía atraído entonces por el mundo de la neurología.

Durante la última década del siglo Freud abandonó la hipnosis tras comprobar que no resultaba tan eficaz a la hora de tratar las enfermedades neuróticas como su maestro Charcot había asegurado. El orgulloso médico, en una actitud plenamente positivista, pretendía erigir una metodología que obedeciera a unas reglas universales y que escapara del impreciso influjo de lo azaroso y lo especulativo. Al final encontró los cimientos sobre los que edificar tal pretensión a través de las experiencias que tuvo su fiel amigo Josef Breuer con una de sus pacientes, Berta Pappenheim.

Josef Breuer, a quien Freud había conocido en el laboratorio de Brücke, era un inteligente y experimentado médico que había nacido en 1842 en el seno de una familia acomodada. Mantenía algunos puntos en común con Freud: le atraía la filosofía, no le satisfacía el carácter de la medicina de su tiempo y procuraba hallar nuevas alternativas a los dogmas de su disciplina. Junto con Anna O., una paciente fascinante que pasaría a la historia de la psicología por sus involuntarias aportaciones a la disciplina, desarrolló el «método catártico», auténtico precedente del famoso método psicoanalítico freudiano. De hecho, años después, pese a la ruptura de la amistad con Josef Breuer, no olvidaría mencionar Freud, quien siempre había sentido fascinación por la metodología que éste había utilizado con Anna O., el papel que había jugado su viejo amigo en la historia de su movimiento.

Anna O., seudónimo con el que se llamó a Berta Pappenheim, fue una mujer de embrujante imaginación que acudió al doctor Breuer porque padecía una serie de episodios neuróticos que ningún médico había podido solucionar. Había nacido en 1859 en el seno de una familia judía ortodoxa que durante su infancia le impidió manifestar los deseos y ensoñaciones típicos de esa edad. La actitud de represión en la que vivía, frente a la que Anna nunca quiso rebelarse, llevó a que la niña se acostumbrara a manifestar interiormente sus alegrías, sus rebeldías y sus fantasías. Cuando estaba ante sus progenitores, Anna se comportaba según los parámetros establecidos por éstos, pero cuando ya no había nadie a su alrededor, daba rienda suelta a sus fantasías para que éstas pudieran revolotear entre las galerías de su mente. Durante la mortal enfermedad de su padre (de quien estuvo cuidando incansablemente durante los últimos meses de su vida) se produjeron sus primeros síntomas neuróticos. En algún momento de esos días en los que Anna actuó como enfermera de su progenitor, se rompió ese velo, sutil y delicado, que se erguía entre la realidad y la fantasía, permitiendo así que la joven muchacha desarrollara dos personalidades completamente independientes, una «buena», que reflejaba sus sentimientos de sumisión, y otra «mala», desde la que expresaba sus rebeldías. («Tenía dos yoes, el suyo real y uno malo que la constreñía a un comportamiento díscolo.») A estos rasgos se le añadió un espectacular cuadro sintomático:

> Rapidísima alternancia de talantes extremos, fugacísima alegría, de ordinario sentimientos de angustia grave, oposición empecinada a todas las prescripciones terapéuticas, angustiosas alucinaciones sobre unas serpientes negras, que tal le parecían sus cabellos, cintas, etcétera. (...) A las siestas caía en una somnolencia que duraba más o menos hasta pasada una hora de la puesta del sol; (...) Después, simultánea a la formación de las contracturas sobrevino una profunda desorganización funcional del lenguaje. (...) Continuaron la contractura del brazo y la pierna del lado derecho, así como la anestesia, no profunda, de esos miembros. Subsistió un alto grado de estrechamiento del campo visual.

Berta Pappenheim, de encantadora fragilidad e irresistible desabrigo, comenzó a ser tratada en 1880 por un Josef Breuer fascinado por los síntomas de la muchacha. Haciendo gala de su carácter humano, Breuer dejó de lado las prácticas de la medicina tradicional (algunos médicos llegaban a recetar morfina y a estimular eléctricamente a los pacientes para «curar» la histeria) y comenzó a escuchar pacientemente todo lo que le decía la joven muchacha. Utilizó, además, el «método catártico», consistente en hipnotizar a la paciente para que ésta recordara el contexto en el que se habían producido los primeros episodios neuróticos. Las confesiones de Anna llevaron a que Breuer estableciera correlaciones entre esa extraña sintomatología y los traumáticos sucesos que le habían acaecido en el pasado. Es decir, Breuer llevó a pensar que tales reacciones eran manifestaciones de los recuerdos confinados en un rincón de la mente que el propio doctor, entre otras concepciones, ya denominó «inconsciente». Este descubrimiento alcanzó mayor importancia cuando Breuer comprobó que los síntomas de Berta experimentaban una mejoría cuando ella sacaba a la luz los oscuros recuerdos enterrados. De allí las acuñaciones que Berta dio al método: «cura por la palabra» y «limpieza de chimenea».

Sin embargo, esta íntima relación entre Anna y Breuer provocó aquello que Freud calificaría años después con el nombre de «proceso de transferencia», es decir, Bertha, a causa de las atenciones recibidas, comenzó a generar un enorme afecto amoroso hacia su médico y salvador. Según Ernest Jones, cuando Breuer, ante el disgusto continuado de su mujer, que veía cómo su marido dedicaba unas atenciones inusitadas a la recién llegada, decidió dejar de lado el tratamiento y diagnosticar a la paciente una definitiva (y falsa) mejoría, Anna sintió tal decepción que, horas después de que el doctor confirmara el fin del tratamiento, sufrió un nuevo episodio alucinatorio que obligó al doctor a acudir a la casa de la familia de su ex paciente. Allí Breuer se encontró con un desagradable espectáculo: Anna, retorciéndose entre los dolores de un imaginario parto, gritaba la siguiente frase: «Ahora viene el hijo del doctor Breuer». Una vez que el doctor consiguió calmar a su paciente, salió rápidamente de la casa, asustado, para volver junto a su mujer.

El relato de Jones presenta algunas incongruencias que han llevado a autores como Louis Breger a poner en tela de juicio la veracidad de la historia. Jones utilizó como fuente de esta historia una carta que Freud envió a Stefan Zweig en 1932, pero no tuvo en cuenta que ésta podía estar tergiversada. No olvidemos que quien contaba el suceso creía que Breuer no había conseguido curar a Anna por culpa de sus prejuicios sexuales.

Lo cierto es que Anna, con el transcurrir de los años, aprendería a controlar sus accesos histéricos. En ello no tuvo intervención alguna el doctor Breuer, que se limitó a confinarla en un sanatorio y a «solucionar» sus episodios neuróticos recetándole dosis de morfina y de cloral (sustancias a las que acabó haciéndose adicta). Ya adulta, sublimó todas esas energías e impulsos hacia el activismo y la creación artística. Se convirtió así en una afamada escritora de cuentos infantiles y poesías que también destacó como enérgica defensora de los derechos de la mujer y del niño. Además, utilizó sus recursos para combatir el maltrato infantil y la trata de blancas. Pero nunca tendría relaciones sexuales con hombres. Algunas de sus poesías reflejan el dolor que le suponía el no haberse hallado ante ninguno de esos amores auténticos con los que había soñado en la juventud. (El amor no me alcanzó. / Por eso me gusta pensar que la muerte / tiene una cara agradable.)

Freud acabaría utilizando con su propio grupo de neuróticas el sistema empleado por Breuer. Con sus pacientes comprendería la importancia que tenía el sustrato psicológico en el comportamiento del individuo. También Freud conseguiría configurar una primera metodología que, pese a hundir sus raíces en el sistema utilizado por Breuer y Anna O, acabaría alzándose con personalidad propia. Con estas primeras pacientes Freud llegó a una conclusión que se convertiría en el axioma principal de su primera metodología: la causa principal de la histeria era una perturbación sexual que tenía su origen en un episodio de seducción traumática que se había sucedido durante la infancia. («La histeria es la consecuencia de un "shock" sexual presexual —escribiría el 15 de octubre de 1895 a su amigo Fliess—, mientras que la neurosis obsesiva es la consecuencia de un placer sexual presexual, que más tarde se transforma en autorreproche. "Presexual" quiere decir, en realidad, "prepuberal", anterior al desprendimiento de sustancias

sexuales; los sucesos respectivos sólo entran a actuar como recuerdos.»)

Freud pudo dejar testimonio de sus investigaciones en un libro
coescrito junto a su amigo Breuer, publicado en 1895 y que recibió el título de *Estudios sobre la histeria*, en el que figuraron los
historiales clínicos de los casos más sobresalientes que ambos
habían llevado. En el citado volumen se trataron los casos de la
fascinante Anna O. (la única paciente histérica tratada por Breuer
que aparecía en el libro) y de las no menos interesantes Emmy von
N., Miss Lucy R., Catalina y Elisabeth von R., además de otros
historiales menores que aunque no tenían la trascendencia de los
citados, corroboraban las tesis que se habían expuesto con las
pacientes anteriores. A través de las experiencias narradas en este
libro se puede rastrear la evolución de la metodología primaria
freudiana.

Una de esas primeras pacientes fue Emmy von N., seudónimo
con el que Freud encubrió a Fanny Moser, una rica baronesa viuda
que acudió a Freud en 1889 esperando que le solucionara una serie
de síntomas que ningún médico había sabido tratar (entre los que
se destacaban sus tics nerviosos, sus problemas lingüísticos y una
serie de episodios alucinatorios que la llevaban a «ver» ratas
muertas y serpientes). Con ella Freud utilizó, al principio, el hip-
notismo, pero al resultar «absurdo e inútil» en la paciente, decidió
emplear el método catártico que Breuer había utilizado con Anna
O. De estas sesiones guardaría Freud una experiencia básica:
cuando comenzó a buscar las respuestas que deseaba a través de
preguntas directas que interrumpían los relatos de la paciente,
Emmy von N., incomodada por la actitud de su médico, recriminó
a Freud que éste guiara sus pensamientos hacia los caminos que él
deseaba transitar. Consciente de que su paciente tenía razón, decidió dejar que Emmy estableciera sus propias correlaciones. Se
estaba conformando la «asociación libre», uno de los mecanismos
básicos del posterior psicoanálisis freudiano.

Durante las conversaciones Freud halló en el pasado de Emmy
una serie de experiencias traumáticas (la muerte de su madre, de
su tía y de su esposo) que parecían estar en relación directa con sus
neurosis. También se interesó por la vida sexual de la paciente, ya

67

que tenía en mente un aspecto que le había comentado su amigo Breuer y que le había llamado vívidamente la atención: Anna O. no había mantenido relación sexual alguna en el pasado. Cuando descubrió que Emmy también vivía en la abstinencia, Freud decidió dar importancia básica al tema de la sexualidad para explicar el origen de las neurosis. Era ésta una decisión histórica, ya que, desde entonces, la etiología sexual de las neurosis iba a convertirse en el eje principal de la metodología freudiana.

Miss Lucy R. inició su tratamiento con el profesor Freud en 1892. Entre los síntomas que ésta ofrecía (episodios depresivos y fatiga), incapaces de ser solucionados por ningún médico, destacaba uno especialmente atípico: una especial disfunción en el sentido del olfato que le hacía percibir un especial olor a «harina quemada». Ante la imposibilidad de hipnotizar a Miss Lucy R., Freud dejó a la paciente discurrir por las galerías de su mente, buscando la improvisación y procurando que ésta esquivara cualquier atisbo de racionalidad. El diagnóstico ofrecido por Freud volvía a presentar un origen sexual, ya que Freud «averiguó» (el entrecomillado procede de lo imposible de asegurar tal afirmación) que Miss Lucy R. estaba secretamente enamorada del dueño de la casa en la que servía. Por su parte, el olor a «harina quemada» era, según Freud, una manifestación del miedo que Miss Lucy sentía cuando pensaba en la posibilidad de separarse de las hijas de su enamorado. Parece ser que estos pensamientos de abandono la habían asaltado justo en el momento en el que se estaba quemando un pastel en la casa de las niñas (de allí el olor a «harina quemada»). Según Freud, el descubrimiento del origen de la enfermedad consiguió que Miss Lucy R. abandonara sus síntomas neuróticos.

Catalina, otra de las pacientes tratadas en *Estudios sobre la histeria*, se presentó al doctor durante una estancia veraniega de la que Freud estaba disfrutando en los Altos Alpes. Además de ataques de angustia, tenía visiones de «una cara muy horrorosa» desconocida que la miraba con terribles ojos. Después de indagar en las vivencias íntimas de su paciente, Freud llegó a la conclusión de que la sintomatología que le ofrecía la mujer que se encontraba ante sus ojos tenía su origen en el intento de violación que ésta había sufrido, cuando apenas contaba con catorce años, a manos de su propio padre (aunque en *Estudios sobre la histeria* Freud presentó tal «padre» como un «tío» para que el caso no resultara tan escandaloso a los lectores). El hecho de que contara confidencialmente tal acción a su madre provocó el divorcio de sus progenitores. Desde entonces, el rencor del padre hacia su hija nunca remitió (aspecto que quedó en el inconsciente a través de la «horrorosa» cara enfadada que veía en sus visiones). Freud nunca supo si su intervención provocó alguna mejora en la sintomatología neurótica de Catalina, ya que, transcurrida esa tarde de análisis, nunca más volvió a saber de ella.

Esta etiología sexual de las neurosis la volvió a aplicar Freud con otra paciente, Elisabeth von R. (cuyo verdadero nombre era Ilona Weiss). La muerte de su padre (de quien estuvo cuidando durante año y medio) ya afectó profundamente a Elisabeth, pero los primeros episodios neuróticos no se sucedieron hasta el fallecimiento de su hermana. Además de estados depresivos y de sensaciones de fatiga, Elisabeth sentía un dolor en las piernas tan intenso que, en ocasiones, le resultaba imposible mantenerse en pie. Tras determinar que el origen de los dolores de Elisabeth no era físico, Freud intentó indagar en el porqué de esa extraña sintomatología. Las confidencias de la paciente llevaron a Freud a afirmar que Elisabeth estaba secretamente enamorada del marido de la hermana fallecida. Tomando esa premisa, Freud argumentó que el origen de los males de su paciente se encontraba en el fuerte complejo de culpabilidad que ésta había generado tras sentir alegría por la muerte de su hermana (pese a que la quería, el hecho de ver nuevamente soltero a su cuñado había despertado en ella unos sentimientos amorosos que hasta el momento había reprimido). Sus dolores y demás episodios neuróticos eran una manifestación de esos remordimientos. Pese a que la enferma nunca quedara convencida del diagnóstico de su doctor (negó una y otra vez el origen sexual de su patología), Freud siempre afirmó que había sido él quien había provocado la curación de su paciente.

Tuviera Freud razón o no, lo cierto es que los episodios neuróticos de Elisabeth comenzaron a remitir poco después de que ésta iniciara su tratamiento psicoanalítico. Cuando el doctor se enteró, tiempo después, de que su vieja paciente iba a asistir a un baile privado que se realizaba en la ciudad, no pudo resistir la tentación de asistir a la celebración para observar personalmente los resultados de su trabajo. Allí, henchido de satisfacción, convencido de lo grandioso de su labor, pudo observar a esa ex paciente, que había acudido a él con enormes dificultades para caminar, bailar entre las líneas de la concurrida fiesta.

Atendiendo a estos primeros diagnósticos sobre «sus» histéricas se observa que Freud reduce y simplifica a la persona que hay tras el episodio neurótico. Con su método tal vez estaba intentando derribar el cerrado mundo de la fisiología, pero, al situar en primer plano la importancia del trauma sexual, estaba aferrándose a un determinismo tan absoluto como el anterior. No hay duda de que las angustias de estas mujeres debían explicarse desde muy diferentes planos, desde las consecuencias directas que les había producido la pérdida de sus seres queridos hasta las imposibilidades culturales que frustraban socialmente en esa época al sexo femenino, pero Freud redujo todo planteamiento a una única interpretación. Así, por ejemplo, en el caso de Emmy, decidió no tener en cuenta importantes sucesos traumáticos de la vida de la paciente que podrían haber ayudado a establecer un diagnóstico mucho más completo. Es muy probable que esa abstinencia sexual que Freud colocaba en primer plano fuera, simplemente, una repercusión más (y no el origen) de la angustia que la atenazaba. Argumentos parecidos podrían exponerse para las demás pacientes de *Estudios sobre la histeria*.

Freud estaba construyendo por aquel entonces el lenguaje primario de su metodología, y lo hacía bajo las concepciones mecanicistas del positivismo. Pese a que pecara de simplista en sus primeros planteamientos, ya que en ellos establecía una relación de causa y efecto demasiado acusada, Freud había conseguido apuntalar los cimientos de la metodología que le convertiría en una de las figuras más influyentes del siglo XX.

Sin embargo, la constitución de este nuevo grupo de teorías provocaría importantes rencillas entre Freud y Breuer. Ya durante la redacción de *Estudios sobre la histeria* Freud había manifestado ciertas divergencias de criterio ante los planteamientos de su viejo compañero de laboratorio. Josef Breuer no estaba dispuesto a aceptar la etiología sexual de las neurosis que presentaba su amigo, cuestión que produjo una serie de enfrentamientos entre los dos hombres que acabaron en la ruptura de su hasta entonces inquebrantable amistad. Freud, así, se alejó de su cariñoso y paternal benefactor, del amigo generoso que había creído y confiado en él, de un hombre que le había apoyado económicamente en todo momento y que incluso le había enviado pacientes de cierta posición social para que recibiera de éstos un ingreso seguro (por aquel entonces, sólo una parte de los pacientes pagaba a sus doctores). Cuando la amistad se rompió, Freud, orgulloso, se esforzó en devolver todo el dinero que su amigo hasta entonces le había prestado:

> *En lo que respecta a mi deuda con usted, no cabe duda de que existe. No la he olvidado, y siempre he tenido la intención de pagarla, sin que ni por un momento se me haya ocurrido que sus deseos pudieran ser distintos (...) Según mi memoria, que, desde luego, no es mucho de fiar, asciende a unos dos mil trescientos florines (...) Puede usted estar seguro de que si he empezado a pagar mi deuda precisamente este año y no antes, ello no se debe a ninguna otra modificación en las circunstancias acaecidas mientras tanto (...)*

Resulta interesante resaltar un aspecto: Freud abandonó a Breuer en el momento en que éste dejó de apoyarle. La separación se produjo a la par que Freud se acercaba a Wilhelm Fliess, un médico berlinés especializado en otorrinolaringología que iba a jugar un papel protagonista en la vida de Freud.

VI.   FLIESS: AMIGO Y ENEMIGO.
AUTOANÁLISIS FREUDIANO

Durante los últimos años de la década de 1890 Freud arrastró una grave depresión que le sumió en la desesperanza y en la melancolía. Por aquel entonces ya no creía en la neurología; estaba disgustado con su carrera médica y, pese a haber alcanzando cierto renombre gracias a las investigaciones que había realizado en el campo de la parálisis infantil, las indagaciones que realmente le habían fascinado (la aplicación terapéutica de la cocaína, el uso de la hipnosis para curar la histeria o la existencia de neurosis masculinas) sólo le habían procurado el descreimiento y la burla de sus colegas de profesión. Pero las problemáticas de naturaleza psíquica padecidas por Freud también tenían correspondencias físicas preocupantemente reales: durante la primera mitad de la década el médico padeció una serie de cíclicas cardialgias que acrecentaron aún más la desesperanza en la que estaba sumido. En una carta que dirigió a su amigo Wilhelm Fliess el 19 de abril de 1894 Freud resumía perfectamente su preocupación por su estado de salud:

> *Tuve intensas arritmias, con constante tensión cardiaca (opresión), ardor precordial, dolores urentes que descendían al brazo izquierdo, cierta disnea —sospechosamente moderada, como si fuera orgánica—, y todo eso más bien paroxísticamente, es decir, en dos o tres accesos extendidos durante todo el día y acompañados por una depresión del ánimo expresada en la sustitución de mis habituales delirios de actividad por visiones de muerte y despedida. (...) Para el médico que se afana durante todas las horas del día por captar el sentido de*

73

las neurosis es torturante no poder decidir si la depresión
que sufre es lógica o hipocondriaca. En tal situación es
preciso socorrerle. (...) Esta vez desconfío de ti en parti-
cular, pues este trastorno cardiaco mío representa la
primera ocasión en la cual te he oído contradecirte. (...)
La vez pasada me explicaste que sería nasal, y me dijiste
que faltaban los signos percutorios del corazón nicotí-
nico; ahora te muestras muy preocupado por mí y me
prohíbes fumar. Sólo atino a explicármelo pensando que
querrías ocultarme el verdadero estado de cosas, pero te
ruego que no lo sigas haciendo. Si puedes decirme algo
definido, por favor, hazlo. No tengo una opinión exage-
rada de mis responsabilidades ni de mi indispensabili-
dad, de modo que sabré soportar con la mayor entereza
la incertidumbre y la perspectiva de una vida abreviada
que entraña el diagnóstico de miocarditis, más aún:
conocerlo de antemano quizá sea beneficioso para el
planteamiento de mi restante existencia y para permi-
tirme gozar más plenamente lo que todavía me queda
por vivir.

La interpretación que de todos estos síntomas dio Ernest Jones
posiblemente hubiera hecho las delicias psicoanalíticas de su
maestro: «Durante diez años, aproximadamente, Freud sufrió en
grado considerable de una psiconeurosis. (...) No existió miocarditis». Max Schur, tras la cuidadosa revisión de los síntomas
padecidos por Freud, manifestó en *Sigmund Freud: enfermedad y
muerte en su vida y en su obra* su completo desacuerdo ante la
interpretación psicológica que había expuesto el británico. Según
Schur, los problemas coronarios habían sido dolorosamente reales:
en ellos no existía ninguna problemática de tipo psicológico. Por
supuesto, esta afirmación no significaba que la neurosis depresiva
de Freud no se hubiera producido con la intensidad de la que
hablaba Jones

Freud, en su búsqueda de una causa que pudiera explicar el porqué de su depresión, intentó aplicar sobre sí mismo la metodología que hasta el momento había utilizado con sus neuróticos.

Como comentaría a Fliess el 14 de noviembre de 1897: «El enfermo que me preocupa más, entre todos los míos, soy yo mismo». Tras considerar que los sueños, olvidos y lapsus lingüísticos eran una forma oculta de manifestar los deseos e intencionalidades que el individuo se obligaba a reprimir, el médico decidió explorar las vivencias que había apartado de su consciente; así, recordó su infancia, sus miedos, sus pérdidas, la desaparición de su niñera, los escondidos deseos de muerte que había sentido hacia su hermanito, las visiones de las almas del infierno durante su primer viaje en tren y, sobre todo, el tipo de relación que había llevado con sus padres. De hecho, se ha considerado la fecha de la muerte de Jakob (23 de octubre de 1896), como el momento en el que se inició (o que, como mínimo, se intensificó) el autoanálisis de Freud: «La muerte del viejo me ha afectado profundamente —escribiría a Fliess—. Le tenía en gran estima, le comprendía muy bien y con aquella combinación de profunda sabiduría y optimismo romántico que le era peculiar significó mucho para mí (...) su fallecimiento parece haber despertado en mí recuerdos de toda mi vida anterior».

Conforme avanzaba en sus indagaciones, Freud fue reformulando ciertos aspectos de los planteamientos que había construido anteriormente para el tratamiento de la histeria. Si bien aún consideraría que la sexualidad era la pieza en la que se debían sustentar todas sus estructuras teóricas, Freud calificaría ahora de «error» su tan querida «teoría de la seducción»:

> He de recordar un error, al que sucumbí durante algún tiempo y que hubiese podido serme fatal. Bajo la presión del procedimiento técnico que entonces usaba, reproducía la mayoría de mis pacientes escenas de su infancia cuyo contenido era su corrupción sexual por un adulto (...) Dando fe a estas comunicaciones de mis pacientes, supuse haber hallado en estos sucesos de corrupción sexual durante la infancia las fuentes de las neurosis posteriores.

Tras hablar con los familiares acusados de maltrato por sus pacientes, Freud cambió sus impresiones: «Cuando luego me vi forzado a reconocer que tales escenas de corrupción no habían sucedido realmente nunca, siendo tan sólo fantasías imaginadas por mis pacientes, a los que quizá se las había sugerido yo mismo, quedé perplejo por algún tiempo». Tajante, en septiembre de 1897, manifestaría por carta a su amigo Wilhelm Fliess: «En el inconsciente no existe un "signo de realidad", de modo que es imposible distinguir la verdad frente a una ficción afectivamente cargada». Pese a todo, Freud afirmaría que esos relatos imaginados seguían ofreciendo pistas para el estudio de la neurosis, ya que esas narraciones fantasiosas, al igual que los sueños, guardaban un significado oculto que podía ser sacado a la luz si se aplicaba la metodología adecuada. Cabe mencionar que el dogmatismo de este planteamiento llevó a Freud a incurrir en un nuevo error que tendría gran influencia sobre el movimiento psicoanalítico posterior: en su búsqueda de una metodología incuestionable y universalmente aplicable, Freud consideró que los relatos de seducción sexual que le narraban sus pacientes eran pura fabulación; pero no advirtió que no necesariamente todos ellos tenían que haberse originado en la fantasía. Esta conclusión dio lugar a una metodología que aunque resultaba tentadora por su fácil aplicación, simplificaba la sintomatología del neurótico a una verdad única.

Al no poder aplicar la «teoría de la seducción» sobre sí mismo, Freud partió de su propia experiencia para hallar un mecanismo universalista que le permitiera establecer una correlación entre la infancia del individuo y el origen sexual de las neurosis. Cuando gracias a su fase de autoanálisis Freud recordó los sentimientos ambivalentes que había desarrollado hacia su padre, comenzó a configurar una teoría que pronto formaría parte de la sociedad del naciente siglo («Se me ha ocurrido sólo una idea de valor general —escribiría en octubre de 1897 a Fliess—. También en mí comprobé el amor por la madre y los celos contra el padre, al punto que los considero ahora como un fenómeno general de la temprana infancia»). Esta formulación, el famoso Complejo de Edipo, se convertiría en la ley incuestionable de la metodología freudiana y constituiría la base de gran parte de sus postulados. Freud conocía muy bien la historia del *Edipo Rey* de Sófocles. Durante los pruebas finales de «La Matura», el examen de graduación del Sperl Gymnasium, había tenido que traducir del griego «un pasaje de treinta y tres versos extraído de *Oedipus Rex*». La trama de la obra resultaba muy adecuada para el conjunto de teorías que conformaban el Complejo de Edipo. En ella, Layo, el rey de Tebas, ordenaba acabar con la vida de su hijo Edipo después de que el oráculo le revelara que ese recién nacido iba a darle muerte en el futuro. Sin embargo, los intentos que el rey llevará a cabo para escapar de la voluntad de los dioses resultarán infructuosos, y Edipo, demostrando que el inexorable destino siempre se impone a las acciones de los hombres, tras ser rescatado de la muerte por un grupo de pastores que lo llevará ante Pólibo (el rey de Corinto, quien le acogerá y educará), acabará dando muerte en el transcurso de un viaje a un desconocido que resultará ser su padre. Sin embargo, Edipo no conocerá la identidad de su víctima hasta poco después de que consiga el trono de Layo y se case con Yocasta, la viuda del rey, su propia madre. Edipo, interesado por el destino de su antecesor en el trono, acudirá a un oráculo que le revelará que no sólo ha matado a su propio padre, sino que, además, ha cometido el terrible acto de desposarse con su propia madre. Yocasta, tras descubrir la terrible verdad, se suicidará, y Edipo, desgarrado por la desesperación, se arrancará los ojos.

Pese a que los postulados del Complejo de Edipo irían modificándose conforme Freud fuera evolucionando en sus teorías, sí que podemos nombrar aquí su planteamiento básico: Freud afirma que durante la infancia se produce una atracción sexual del hijo hacia la madre, que lleva al primero a competir contra el padre por el amor de ésta. En 1909 considerará que este complejo «constituye el complejo-nódulo» de toda neurosis, conformando así una de las pautas básicas de la futura metodología edípica, que tan presente estará en textos posteriores. Admitir tal deseo en la propia madre era una osada y escandalosa confesión que le posicionaba en una delicada situación ante la sociedad de su tiempo, pero Freud estaba demasiado convencido de la valía de su descubrimiento como para no correr ese riesgo.

En ese momento en que las tesis freudianas sólo recogían el rechazo o la indiferencia, en el que Freud se sentía a solas con sus pensamientos y sus verdades, hubo un hombre, Wilhelm Fliess, que le apoyó en todas sus teorías y que le dio confianza para creer en ellas. Es más, Wilhelm Fliess jugó un papel activo en la constitución de esas primeras suposiciones, ya que Freud le envió los primeros borradores de sus obras psicoanalíticas, aguardando con gran interés los consejos y las correcciones del amigo. Pero Wilhelm Fliess no sólo dio a Freud un soporte teórico: también le ofreció apoyo psicológico. Siempre estuvo allí para que su amigo pudiera desahogar sus miedos y sus frustraciones.

Recordemos que Freud había erigido en el pasado modelos con los que se había identificado, acuciado por su necesidad de encontrar a un ideal al que imitar y del que aprender. Sin embargo, el modelo que levantó Freud en esta ocasión sobrepasó cualquier idealización que hubiera podido realizar hasta aquel momento. Con Wilhelm Fliess, berlinés, médico otorrinolaringólogo, dos años menor que Freud, la relación alcanzaría una pasional actitud sorprendente en un hombre de más de cuarenta años, casado y con seis hijos. Freud confió a su amigo sus más íntimos secretos. Entre las más de trescientas cartas que Freud dirigió a Wilhem Fliess aparecen desplegados detalles de su vida sexual, confidencias íntimas de su relación con Martha, anécdotas de las vicisitudes familiares, sus inquietudes personales y los más ocultos recuerdos de su infancia. En enero de 1896 Freud escribiría al amigo:

> *La gente como tú no debería morir, mi querido amigo; todos necesitamos demasiado a hombres de tu especie. Todo te lo debo: consuelo, comprensión, apoyos en mi soledad; gracias a ti mi vida ha adquirido un sentido, e incluso has conseguido que reccupere la salud como nadie podía haberlo hecho (...) Por todo esto, ¡acepta mis humildes gracias! Estoy seguro de que tú no me necesitas tanto como yo a ti, pero también sé que tengo un lugar asegurado en tu corazón.*

En otras cartas, Freud no se mostraría menos atraído por Fliess. El 3 de enero de 1899 le escribiría: «Ahora atiéndeme un poco. Yo me paso la vida abatido y envuelto en las tinieblas hasta que llegas tú, y entonces me desato en improperios contra mí mismo, enciendo mi parpadeante llama en tu serena luz, vuelvo a sentirme bien y después de tu partida he recuperado los ojos para ver, y lo que veo está bien y es hermoso». Freud nunca realizó a nadie tantas confesiones sobre sí mismo, ni siquiera a su esposa Martha. En una carta escrita el 1 de enero de 1896, con motivo del nacimiento del primer hijo de Fliess, Freud llega a establecer un paralelismo entre el alumbramiento del recién nacido y la obra conjunta que por aquel entonces estaban realizando:

> *Estoy lleno de alborozo porque tienes un hijo y con él la perspectiva de tener otros; mientras la esperanza de su nacimiento era aún lejana, no quise confesarme a mí ni confesarte a ti cuánto habrías perdido de no tenerlo... Tus cartas, como, por ejemplo, la última, contienen un cúmulo de intuiciones y nociones científicas acerca de las cuales nada puedo decirte, desgraciadamente, salvo que me fascinan y me dejan anonadado. El pensamiento de que ambos estamos trabajando en una misma obra es por ahora el más feliz que podría concebir.*

La identificación entre los dos hombres se basó en la afinidad de caracteres que ambos presentaban. Al igual que Freud, Wilhelm Fliess se consideraba un pionero que luchaba con sus revolucionarias teorías contra el conservadurismo de la medicina de su tiempo.

Las extravagantes hipótesis de Wilhelm Fliess se presentaban bajo un contundente armazón lógico basado en complejas reflexiones biológico-matemáticas con las que enmascaraba el carácter especulativo de sus premisas. Fliess afirmaba sin titubeos que el ser humano era capaz de predecir su ciclo vital a partir del estudio de los ciclos sexuales de hombres y mujeres, establecidos en veintitrés días para los primeros y en veintiocho días para las segundas; teoría que, por otra parte, se basaba en una doctrina construida por el propio Fliess en la que aseguraba que todos los individuos tenían una naturaleza bisexual. El extravagante amigo de Freud también establecía correspondencias directas entre los órganos sexuales y el tejido nasal, premisas que le permitían establecer una correlación entre las membranas nasales del individuo y las enfermedades que éste padecía. Según Fliess, muchas de las problemáticas que aquejaban a hombres y mujeres se podían solucionar a través de operaciones que se debían realizar en los huesos y membranas nasales de los pacientes.

El armazón que erigió Fliess partía de premisas falsas, pero era lo suficientemente contundente como para que hombres de ciencia como Freud creyeran, sin reserva alguna, la validez de todas las teorías. Utilizando la teoría de los ciclos vitales de su amigo Freud pronosticó, seguro de ello, que iba a morir a los cincuenta y un años. Cuando cumplió esa edad, convencido de que había cometido un error en sus cálculos, volvió a aplicar la metodología de Fliess, pronosticando en esta ocasión que iba a morir a los sesenta y uno o a los sesenta y dos años. Freud también fue operado en dos ocasiones por Fliess, ya que el berlinés estaba convencido de que una intervención en la membrana nasal podría solucionar esa serie de episodios cardiacos que su amigo sufría durante aquellos años.

Existe un episodio con Fliess relacionado con esta práctica que demuestra la desesperada necesidad que sentía Freud de mantener a ese modelo perfecto que tenía en Fliess. En 1895 Wilhelm Fliess intervino a Emma Eckstein, una paciente histérica que había acudido a Freud con la esperanza de que el profesor solucionara una serie de angustias neuróticas que ningún otro doctor había conseguido tratar. Fliess, convencido de la interrelación existente entre la nariz y los órganos genitales femeninos, consideró que esa neurosis a la que Freud había hallado un origen sexual podría solucionarse si se le practicaba a la paciente una operación en la cavidad nasal; sin embargo, la operación no pareció acuciar los síntomas de Emma Eckstein; es más, pasados unos días de la intervención, la paciente volvió a Freud y le comunicó que no sólo los síntomas neuróticos perduraban, sino que además surgía de su nariz un desagradable olor que nadie le conseguía explicar. La persistencia de tales síntomas (entre los que caben destacarse sus preocupantes hemorragias nasales) llevó a que Freud, asustado por el estado de salud en el que se le presentó Emma, interviniera nuevamente a la paciente. La verdad que se reveló durante la operación que Freud le realizó, acompañado de algunos compañeros de profesión, fue muy desagradable: Fliess había cometido el terrible error de olvidarse «un buen medio metro de gasa» en el interior de la cavidad nasal tras la anterior operación. «De inmediato siguió una efusión de sangre, y la paciente palideció, los ojos parecieron salírsele de las órbitas y se le detuvo el pulso». «Tambaleante», mareado y sobrecogido por lo que acababa de ver, Freud salió rápidamente de la habitación para recuperarse de la impresión, dejando a los demás doctores luchando por detener la hemorragia de Emma: «Apenas le hubieron aplicado unas compresas salí corriendo hacia la habitación contigua, bebí una botella de agua y me sentí espantosamente (...). Habíamos cometido una injusticia con ella —diría a Fliess— ; no era para nada una persona anormal, sino que un trozo de la gasa con yodoformo se cortó mientras tú la quitabas y había quedado alojado en la cavidad durante catorce días, impidiendo la curación». Si bien tanto Freud como Fliess se sintieron mal por la acción que habían cometido, pronto los dos hombres comenzaron a diseñar teorías para excluirse mutuamente de su irresponsable falta: «Estoy en condiciones de probarte que tenías razón, que sus hemorragias eran histéricas, fueron ocasionadas por ansiedad», escribiría un año después a Fliess. Freud, convencido de esta nueva verdad, no sólo hizo creer a la paciente que su sangrado provenía realmente de su ansiedad neurótica, sino que incluso le manifestó que las hemorragias nasales que ésta padecía eran una consecuencia del deseo que ella tenía de sentirse creída y considerada por los demás, es decir, que ella utilizaba las hemorragias para que sus familiares no consideraran su sintomatología como el producto de la imaginación de una enferma.

Sin embargo, ya que se encuentran posibles reminiscencias del hecho en el clásico «sueño de la inyección de Irma», al que Freud dedicó el segundo capítulo de su libro *La interpretación de los sueños*, es muy probable que los remordimientos sentidos por Freud se alojaran en su inconsciente. Al menos ésta es la interpretación que acertadamente ofreció el doctor Max Schur después de conocer este desagradable episodio. El relato del sueño, que pasaría a la historia por ser el primero que interpretó Freud íntegramente, dice así:

En un amplio hall. Muchos invitados, a los que recibimos. Entre ellos, Irma, a la que me acerco en seguida para contestar, sin pérdida de momento, a su carta y reprocharle no haber aceptado aún la «solución». Le digo: «Si todavía tienes dolores es exclusivamente por tu culpa». Ella me responde: «¡Si supieras qué dolores siento ahora en la garganta, el vientre y el estómago! ¡Siento una opresión!». Asustado, la contemplo atentamente. (...) Pienso, con temor, que quizá me haya pasado inadvertido algo orgánico. La conduzco junto a una ventana y me dispongo a reconocerle la garganta. (...) Apresuradamente llamo al doctor M., que repite y confirma el reconocimiento. (...) No cabe duda, es una infección (...) Sabemos también inmediatamente de qué procede la infección. Nuestro amigo Oscar ha puesto recientemente a Irma (...) una inyección (...) No se ponen inyecciones de este género tan ligeramente...Probablemente estaría además sucia la jeringuilla.

Bajo la figura del doctor M. se encontraba, muy probablemente, el doctor Breuer, con quien Freud en aquellos momentos estaba rompiendo su relación de amistad, mientras que «Oscar», por su parte, era Oscar Rie, el pediatra de la familia de Freud. Éste se presentaba en el sueño como un irresponsable que había utilizado con Irma una jeringuilla «sucia»; es decir, según Freud, Rie había sido el único culpable de que Irma se encontrara enferma. Freud, además, se vanagloriaba de «no haber causado un solo accidente de este género», por lo que el sueño también demostraba a Freud que él era un médico responsable que no debía sentir remordimientos por sus diagnósticos. El sueño se sucedió en la noche del 23 al 24 de julio de 1895, unas horas después de que el doctor Rie le comentara que Emma Beckstein aún no se hallaba totalmente recuperada tras la operación a la que éste le había sometido, palabras que Freud interpretó como un reproche hacia su labor médica. En el sueño, se cambiaban las tornas, y ahora era Rie quien era acusado de irresponsable. También Irma podía considerarse una culpable más, al «no haber aceptado aún la «solución» y no haber hecho caso a los consejos de su doctor. Así que el sueño era, según Freud, una especie de venganza contra aquellos personajes que le habían hecho dudar de sus capacidades como médico. Ellos habían sido los culpables, y no él, del estado de salud en el que se encontraba Irma.

Como ya se ha visto, es altamente probable que Irma tomara algunos de sus rasgos de la malograda Emma Beckstein. Sin embargo, Freud relacionó a Irma en *La interpretación de los sueños* con otras personas: «Por la continuada prescripción de una sustancia que por entonces se creía aún totalmente inocua (surfonal) provoqué una vez una grave intoxicación en una paciente, teniendo que acudir en busca de auxilio a la mayor experiencia de mi colega el doctor M. (...) La enferma, que sucumbió a la intoxicación, llevaba el mismo nombre de mi hija mayor». Es muy probable, por tanto, que el personaje de Irma fuera el fruto de la condensación de muy diferentes personas que habían hecho sentir culpable a Freud.

Todo apunta a que fue a su amigo Fliess a quien Freud intentó justificar. Él también había aparecido en el sueño, pero su amigo consideró que había sido la única persona inocente de las penalidades que había sufrido Irma. Al focalizar la culpabilidad en otros el amigo quedaba sano y salvo de todas las críticas que consciente o inconscientemente Freud pudiera realizarle.

Cabe mencionarse que sobre este sueño se han realizado numerosas interpretaciones y que algunas de ellas no tienen ni siquiera en cuenta la relación entre Freud y Fliess. Marthe Robert, en *Freud y la conciencia judía*, comenta: «[Freud] interrumpe su interpretación cada vez que no puede continuar sin abordar de frente esos temas escabrosos. De manera que lo importante en la vida profunda de Freud no aparece en absoluto; su sexualidad es excluida y en cambio subraya su deseo de triunfar, de obtener renombre, de inmortalizarse». Tomando esta base, Santiago Dubcovsky, en *La triple vida sexual de Sigmund Freud*, pretende hallar un significado sexual al sueño de Irma:

> *Se trata de un hombre de treinta y nueve años, que se supone ha vivido una vida relativamente abstinente hasta casarse, nueve años atrás (...) Es un hombre fuerte sexualmente, con deseos intensos. (...) La hipótesis de que en ese sueño de la «inyección de Irma» uno de los*

motivos inconscientes (...) haya sido su deseo sexual por
Irma resulta tan obvia (...) que parece innecesario expli-
carla. (...) Cabe afirmar que ese 24 de julio de 1895 Freud
deseaba a Irma sexualmente.

Puede que deba tenerse en cuenta el elemento sexual, pero lo
cierto es que parece más convincente, dado el momento en el que
se produjo ese sueño, la interpretación de Max Schur, que, por otra
parte, tampoco excluye las tesis que aluden a un deseo sexual de
Freud hacia la paciente.

Pese a que pareciera inquebrantable, la relación entre Wilhelm
Fliess y Sigmund Freud estaba destinada a la ruptura. La primera
muestra palpable de que la relación estaba cambiando de signo se
produjo en agosto de 1900, en Achensee, cuando los dos hombres
comenzaron a discutir violentamente después de que Fliess manifestara sus reservas ante algunas de las observaciones de su colega.
Sería la última vez que la pareja se viera cara a cara. El 7 de agosto
de 1901 Freud resumía a su amigo el estado actual de la relación:

> *No es posible ocultar el hecho de que nos hemos dis-*
> *tanciado mucho. Aquí y allá se evidencia ya el aleja-*
> *miento... Tu capacidad de penetración ha tocado aquí a*
> *un límite; tomas partido contra mí y me enrostras algo*
> *que invalida todos mis esfuerzos: «El adivinador de pen-*
> *samiento sólo adivina en los demás sus propios pensa-*
> *mientos». Si realmente soy tal cosa, entonces te aconsejo*
> *que arrojes mi* Vida cotidiana *al cesto de los papeles, sin*
> *leerla, pues está plagada de alusiones a ti: ya referencias*
> *manifiestas, para las cuales has dado el material; ya*
> *otras ocultas, cuyos motivos arrancan de ti. También has*
> *sido tú quien me suministró el epígrafe. Aparte de todo lo*
> *permanente que pueda haber en su contenido, será para*
> *ti el testimonio del papel que hasta ahora has desempe-*
> *ñado en mi vida.*

Las tensiones estallarían finalmente en 1904 en medio de una
desagradable polémica que trascendería el ámbito privado. Ese año

Fliess retomó la correspondencia con su viejo amigo para comentarle que había tenido la oportunidad de leer un libro de un tal Otto Weininger, *Sexo y carácter*, en el que figuraba una serie de tesis sobre la bisexualidad sospechosamente parecidas a las que él le había comentado confidencialmente en su correspondencia personal. Sabiendo que un tal Swoboda, uno de los primeros discípulos de Freud, era amigo íntimo de Weininger, Fliess acusaba en esa carta a su viejo compañero de haber divulgado sus teorías entre terceras personas sin que él le hubiera dado consentimiento alguno para ello. Freud, tras una serie de titubeos e indecisiones, acabó reconociendo su culpabilidad ante el amigo, confesándole que, en efecto, había comentado a Swoboda tales teorías —aunque sólo a él— y revelándole además que dos años atrás, en diciembre de 1902, había tenido la oportunidad de leer un borrador de *Sexo y carácter* llamado *Eros und Psyche* que le había dado personalmente el mismo Otto Weininger para que intercediera por él ante su editor.

La tormenta que levantó la obra de Weininger entre los dos amigos no terminó con esta confesión. En 1906 el periódico *Die Facke* publicaba un desagradable artículo escrito por R. Pfenning en el que se acusaba a Freud de plagiar la teoría de la bisexualidad de Wilhelm Fliess. La defensa que el profesor dirigió al director de la publicación, suficientemente significativa de la actitud que en aquellos momentos presentaba hacia su ex amigo, decía así:

El doctor Fliess de Berlín ha inducido a R. Pfenning para que publique un panfleto atacando a O. Weininger y H. Swoboda en el que se acusa a los dos jóvenes autores del plagio más flagrante, insultándolos fieramente. La falsedad de esta imputación cristaliza claramente en el hecho de que se me acusa a mí, amigo de Fliess durante muchos años, de ser la persona que proporcionó a Weininger y Swoboda la información (...) Confío en que no será necesario que me autodefienda de tan absurda calumnia (...) La aserción (...) de que Weininger no descubrió la idea de la bisexualidad por sí mismo, sino por un sendero indirecto, que parte de Fliess a través de Swoboda y de mí mismo, se basa en la verdad, por lo que

no puede evitarse al sin duda brillante joven el reproche
que sugiere su fea acción de no haber divulgado la fuente
de sus ideas, haciéndolas pasar por el fruto de su propia
inspiración. (...) [pero] existen muchos puntos en los que
su nombre puede ser defendido con toda base contra las
calumnias de Fliess-Pfenning.

Weininger nunca supo nada de la problemática que su obra había desencadenado. Después de que Freud rechazara la copia de *Eros und Psyche* tras manifestar su desacuerdo con el contenido, consiguió que el editor Wilhelm Braumüller publicara una versión ampliada del texto (mucho más xenófoba y sexista que la que Freud había tenido oportunidad de leer) que ya se llamaría definitivamente *Sexo y carácter*. Sin embargo, la recepción del público fue tan fría que su autor, humillado, se dejó engullir por la desesperación y el desengaño. Carcomido por la desilusión, Weininger se suicidó el 3 de octubre de 1903. La noticia de la muerte consiguió que su libro comenzara a venderse de forma masiva y que el nombre de ese joven pasara a ser conocido y respetado entre la intelectualidad europea.

A raíz del «asunto Weininger», Wilhelm Fliess y Sigmund Freud interrumpieron para siempre su correspondencia. Años después el segundo autoanalizaría esta parte de su vida hasta considerar, aterrado, que en el episodio que había protagonizado junto a Fliess había habido cierto componente «homoerótico». Louis Breger considera que el temor homosexual que provocaron en Freud tales reflexiones puede relacionarse con el hermetismo sentimental que a partir de entonces iba a caracterizar nuevamente su personalidad, ya que, aunque aún se mostraría afable con discípulos como Jung, Rank o Ferenczi (especialmente con este último), nunca más volvería a llevar con nadie el tipo de relación que había mantenido con su ex amigo.

VII. *LA INTERPRETACIÓN DE LOS SUEÑOS*. DESILUSIÓN E INDEPENDENCIA

La interpretación de los sueños, la clásica obra en la que Freud manifestó las primeras tesis de su complejo teórico, fue seguramente el libro en el que mayores esperanzas depositó su autor («Estoy sumido en el libro de los sueños —escribiría en febrero de 1898 a Fliess—, escribiéndolo con fluidez y sonriéndome para mis adentros por todo el «agitarse de las cabezas» que suscitarán las indiscreciones y las audacias en él contenidas»). Freud deseaba que este libro alcanzara una repercusión equiparable a la que había conseguido Charles Darwin con *El origen del las especies*, cuya publicación desató una tormenta que demolió las creencias que durante siglos se habían aferrado a la conciencia europea. Freud se veía a sí mismo como el tercer destructor del sentimiento megalómano de la humanidad, el sucesor de los dos pensadores que habían provocado las primeras grandes ofensas contra el narcisismo humano. Si Copérnico había despojado a la Tierra del ilusorio geocentrismo y Darwin había situado al hombre junto a los demás animales, él iba a demostrar que el ser humano era un esclavo de su propio inconsciente. Incluso creía que podría convertirse en un proscrito tras esa revelación: «Siempre que todo siga bien —escribiría a su amigo Fliess en agosto de 1899—, siempre que vuelva a tener la subsistencia asegurada y siempre que no me encierren, me linchen o me boicoteen a causa de mi libro egipcio de los sueños». Sin embargo, la pobre recepción que la obra tuvo le dejó sumamente entristecido: seis años después de que el libro saliera a la calle sólo se habían vendido trescientos cincuenta ejemplares. Las cartas que Freud escribirá a Fliess durante esa epoca recogen la manifiesta decepción que sintió ante tal recibimiento: «La actitud de los vieneses es muy adversa. No creo conseguir que se publique aquí una sola reseña. Nos hemos adelantado demasiado a nuestro tiempo...» (21-12-1899); «No se ha vuelto a hablar de mi libro desde la reseña en *Die Zeit*, que, además de incomprensiva, desgraciadamente es también insolente e irrespetuosa» (26-1-1900); «Estoy prácticamente aislado del mundo exterior; ni una sola hoja se ha movido en señal de que *La interpretación de los sueños* haya conmovido en sentido alguno los ánimos. (...) Odio a Viena con un odio realmente personal (...) La recepción que el libro tuvo y el silencio que desde entonces se hizo en torno de él han vuelto a destruir la germinante relación con mi ambiente» (11-3-1900); «Apenas se le ha dedicado una mínima comprensión; alabanzas, casi como por caridad, y es evidente que a la mayoría les resulta antipático (...) Me lo explico pensando que me he adelantado a mi tiempo en quince o veinte años. Estoy profundamente empobrecido por dentro; tuve que demoler todos mis castillos en el aire» (23-3-1900).

La interpretación de los sueños, una sincera manifestación de los sentimientos, recuerdos y miedos a los que Freud accedió durante su fase de autoanálisis, gira en torno a la siguiente frase: «El sueño es una realización del deseo». En ella afirmaba que el individuo era incapaz de eliminar totalmente aquellos deseos primarios que se había visto obligado a reprimir en el inconsciente durante la infancia. Después de revelar que el sueño era una de las principales vías de escape de los deseos inconscientes, comentó que éste funcionaba como un «jeroglífico» que podía desentrañarse si se reemplazaban adecuadamente sus imágenes por el auténtico significado que éstas intentaban ocultar. Por todo ello Freud trató de encontrar los diferentes mecanismos censores que impedían que el individuo accediera a los significados latentes que había tras el contenido manifiesto del sueño. Entre éstos Freud destacó los de «condensación» y «desplazamiento» tras considerar que eran los causantes de la transformación del «material de los pensamientos latentes del sueño en su contenido manifiesto». Cuando Freud hablaba de «condensación» quería decir que los elementos que aparecían en el sueño eran mucho más complejos de lo que se percibía inmediatamente, es decir, que en el mismo sueño había varios significados latentes (por ejemplo, en el aludido «sueño de la inyección de Irma», Irma era fruto de la condensación de diversas pacientes); y cuando hablaba de «desplazamiento» se refería al enmascaramiento de los impulsos que el individuo se imponía a sí mismo para poder esquivar sus mecanismos censores, es decir, que con el «desplazamiento» se buscaba representar el contenido latente a través de contenidos manifiestos. Desentrañando el sueño por medio de estos mecanismos se podía, según Freud, descubrir el significado latente que se hallaba oculto en el inconsciente.

Dos obras más, de influencia desigual, recogieron los planteamientos expuestos en *La interpretación de los sueños*. Con *Psicopatología de la vida cotidiana* (1904) Freud pretendía demostrar que los deslices y errores de la vida cotidiana —lapsus lingüísticos y olvidos— tenían, al igual que los sueños, una motivación inconsciente. Freud elaboró uno de los ejemplos más gráficos del libro a partir de una noticia publicada en un periódico en la que se leía que el presidente de la Cámara Baja austriaca había iniciado una reunión parlamentaria con las siguientes palabras: «Se cierra la sesión». Demostraba con ello cuál era la auténtica intencionalidad inconsciente que se ocultaba tras ese lapsus lingüístico. Con *El chiste y su relación con lo inconsciente* (1905), Freud realizará interpretaciones de parecida idiosincrasia, tras considerar que el chiste era un mecanismo que permitía al individuo dar salida a algunos de los impulsos del inconsciente sin temor a sufrir ningún tipo de censura o rechazo social.

El 8 de septiembre de 1901 tuvo lugar un acontecimiento que posteriormente Freud calificó como «uno de los momentos culminantes de mi vida». Por fin, después de haberse echado atrás en numerosas ocasiones, Freud, acompañado de su hermano Alexander, consiguió entrar en Roma, «la ciudad eterna». La belleza de la capital italiana fascinó al médico, que, exultante de ánimo y maravillado por los recuerdos de las épocas pretéritas que se desplegaban en sus calles, comenzó a recorrer sus rincones con entusiasmo adolescente. Lanzó, como mandaba la tradición, una moneda a la Fontana di Trevi: vio el Palatino, metió la mano en la Boca della Verità («jurando regresar») y visitó el Museo del

Vaticano. Además, tuvo la oportunidad de tener ante sus ojos una de las obras artísticas que mayor fascinación ejercerían sobre él, *El Moisés* de Miguel Ángel.

Ese 8 de septiembre Freud consiguió superar un temor inexplicable que hasta entonces le había atrapado sin que pudiera explicar satisfactoriamente la naturaleza de tan extraña fobia. La mera idea de pisar Roma, la ciudad de las ensoñaciones de su infancia, había provocado en él un enigmático sentimiento de angustia que siempre le había impedido viajar hasta la capital italiana. Poco se puede decir realmente sobre el origen real de esta fobia, si bien el mismo Freud, tras tener en cuenta su identificación con Aníbal, aquel héroe de infancia que no había conseguido conquistar Roma, afirmó que tal inhibición procedía del temor que le provocaba la posibilidad de llegar allá donde no había llegado su modélico padre. «Por otra parte —confesaría a Fliess en 1897—, mi añoranza de Roma es profundamente neurótica: está ligada a mi admiración de estudiante secundario por el héroe semita Aníbal».

Tal vez podamos entender mejor esa impresión edípica si analizamos una sensación similar que asaltó a Freud en 1904 durante su primera visita a Grecia. Cuando el profesor se encontró frente a la Acrópolis se sintió invadido por una sensación de extrañamiento y melancolía que consideró impropia de un momento tan importante como aquél («¡De modo que todo esto realmente existe, tal como lo hemos aprendido en el colegio!», pensaría). Años más tarde, preguntándose por el porqué de esta impresión, llegó a la conclusión de que ésta se debía a una resistencia que el «yo» había levantado ante el horror del parricidio, es decir, ante el asesinato inconsciente del padre, ya que, según Freud, alcanzar la Acrópolis equivalía a «ir más allá del padre», es decir, a vencerle en la batalla edípica.

El afianzamiento personal de Freud también quedó de manifiesto en la actitud que a partir de entonces tomó para reafirmar su carrera médica. A finales de siglo, pese a haber presentado trabajos de investigación mucho más meritorios que los de algunos compañeros, Freud era uno de los pocos médicos de su promoción que aún ostentaba el título de *privatdozent* (recordemos que lo había conseguido en 1885), y eso pese a que en 1897 profesores de la valía de Hermann Nothnagel y Richard Kraff-Ebing hubieran propuesto al Ministerio de Educación, apoyados por la mayoría de los miembros del Claustro Médico, la concesión de un título superior para él. La acción, sin embargo, no tuvo respuesta alguna, así que Freud, consciente por fin de que debía mover algunos hilos personales para que el Ministerio de Educación austriaco tomara en consideración su solicitud, decidió ponerse en 1901 en contacto con dos viejas pacientes que podían interceder por su causa, Elisa Gomperz y la baronesa Ferstel. Esta última consiguió contactar con el ministro de Educación, pidiéndole que se tuviera en cuenta al médico a la hora de conceder nuevos títulos académicos, regalándole, para que se pensara mejor esa propuesta, un cuadro de Emil Orlik, *Iglesia en Auscha*.

El «soborno» tuvo el efecto deseado. El 22 de febrero de 1902 el emperador Francisco José concedería a Freud, tras una espera de diecisiete años, el título de profesor extraordinario. Exultante, el médico escribiría a Fliess una irónica carta:

> *Están llegando sin parar felicitaciones y ramos de flores, como si su majestad hubiera descubierto de pronto la función de la sexualidad, la importancia de los sueños hubiese sido confirmada por el Consejo de Ministros y la necesidad de tratar la histeria por medio de la terapia psicoanalítica, aprobada por el Parlamento por una mayoría de dos terceras partes. Es evidente que he vuelto a ser respetable. Los admiradores, que últimamente me habían rehuido, cruzan hoy la calle de acera a acera para saludarme (...) En todo este asunto una persona (...) ha actuado como un asno: yo. Si me hubiera ocupado hace tres años de la cuestión, me habrían nombrado catedrático entonces, ahorrándome un sinfín de contratiempos.*

Estas acciones demuestran que Freud había salido reforzado del autoanálisis al que se había sometido en los años precedentes. Se había convertido en un hombre menos inseguro, más fuerte, y, sobre todo, mucho menos dependiente. Estaba surgiendo un Freud que por fin aprendía a vivir en soledad. Tal vez en ello también tuvieran cierta influencia sus lecturas de Nietzsche. En sus obras, el filósofo alemán afirmaba que un individuo fracasaba en la vida cuando se limitaba a seguir los caminos que otros ya habían recorrido, o, en palabras de Richard Rorty, cuando éste se limitaba a «escribir, en el mejor de los casos, elegantes variaciones de poemas ya escritos».

Si el autoanálisis había constituido la primera fase de esa evolución personal, la separación de Fliess puede considerarse el episodio final de tal desarrollo. Aunque a partir de entonces siguió rodeándose de hombre brillantes que se sintieron atraídos por sus teorías psicoanalíticas, Freud ya nunca más ocuparía esa posición de dependencia en la que se había situado en el pasado.

En 1905 Freud publicó *Tres ensayos sobre teoría sexual*, otro de los textos básicos del movimiento psicoanalítico. Con sus errores (entre los que cabe destacarse el prejuicio sexista contra la mujer) y sus aciertos, la influencia de esta obra traspasaría el campo de la psicología para ofrecer a la sociedad contemporánea una percepción de la sexualidad mucho menos condicionada por las imposiciones de la moral. De los tres ensayos que contenía, el que mayor polémica desató fue el segundo, en el que Freud se atrevía a afirmar la existencia de impulsos eróticos durante la infancia que aunque, obviamente, no se resolvían de igual forma que en el adulto, sí que encontraban su satisfacción a partir de determinadas actividades fisiológicas. Este descubrimiento, por otra parte, daba a su autor una base coherente para postular la universalidad del Complejo de Edipo.

Freud también daba en este libro un concepto que también tendría fuerte influencia para el conocimiento de la psicología infantil, el «periodo de latencia». Éste comprendía el tiempo transcurrido entre los cinco o seis años de edad y la llegada de la pubertad, y se caracterizaba porque a lo largo de su desarrollo el niño olvidaba todas sus experiencias sexuales anteriores. Por supuesto, esto no impedía que tales experiencias dejaran una huella imborrable en el inconsciente.

Los otros dos ensayos generaron menos polémicas. En el primero Freud hablaba de las «perversiones», es decir, de todas

92

aquellas prácticas sexuales que resultaban antinaturales a la moral occidental de su tiempo (la homosexualidad, el sadismo, el fetichismo, la bisexualidad...). Freud desechaba la idea generalizada de que tales desviaciones fueran innatas al ser humano, ya que consideraba que la vida sexual sólo era una consecuencia del desarrollo que había tenido el individuo durante los años clave de la infancia. Esto le llevaba a considerar que tales desviaciones se daban en aquellos hombres y mujeres que no habían conseguido organizar adecuadamente el mapa de su sexualidad durante ese decisivo ciclo.

El tercer ensayo trataba la sexualidad del individuo durante la pubertad y la adolescencia. En este texto aparece la famosa «teoría de la libido» la energía por la que Freud mide los procesos y cambios de la actividad sexual. Sin embargo, aún no alcanza aquí la complejidad que adquirirá en obras posteriores. En *Psicología de las masas y análisis del yo* (1921) dará la siguiente definición:

> *Libido es un término perteneciente a la teoría de la afectividad. Designamos con él la energía (...) de los instintos relacionados con todo aquello susceptible de ser comprendido bajo el concepto de amor. El nódulo de lo que nosotros denominamos amor se halla constituido, naturalmente, por lo que en general se designa con tal palabra y es cantado por los poetas; esto es, por el amor sexual, cuyo último fin es la cópula sexual. Pero, en cambio, no separamos de tal concepto aquello que participa del nombre de amor, o sea, de una parte, el amor del individuo a sí propio, y de otra, el amor paterno y el filial, la amistad y el amor a la humanidad en general, a objetos concretos o a ideas abstractas. Nuestra justificación está en el hecho de que la investigación psicoanalítica nos ha enseñado que todas estas tendencias constituyen la expresión de los mismos movimientos instintivos que impulsan a los sexos a la unión sexual; pero que en circunstancias distintas son desviados de este fin sexual o detenidos en la consecución del mismo, aunque*

93

conservando de su esencia lo bastante para mantener reconocible su identidad.

En la ampliación del texto que Freud realizará en 1915, éste ya hablará de las famosas tres etapas de desarrollo de la libido; la oral, la anal y la fálica.

Asimismo, en este ensayo aparecen variadas temáticas (teorías sobre la excitación sexual, explicaciones sobre los cambios físicos de la pubertad, diferenciaciones entre la actividad sexual entre el hombre y la mujer...) que ocuparían más adelante un papel predominante en la metodología freudiana.

VIII.   EL MAESTRO Y SUS DISCÍPULOS

A finales del siglo XIX surgieron en Europa una serie de movimientos intelectuales que contestaron a la actitud positivista acrítica y determinista que había caracterizado hasta entonces al pensamiento decimonónico. Este radical viraje ideológico, que, sin negar la racionalidad, pretendía dar paso a una mentalidad que no estuviera tan marcada por el estudio de lo objetivo y observable, propició que cierta intelectualidad interesada en buscar los aspectos desconocidos y subjetivos de la existencia encontrara una forma de satisfacer sus inquietudes a través de las nuevas perspectivas de conocimiento que ofrecían las teorías freudianas. Cansados de los viejos mitos supersticiosos y de las férreas convicciones deterministas y positivistas, representantes de las más diversas disciplinas (el arte, la literatura, la religión, la medicina o la filosofía, entre otras) decidieron convertirse a las teorías del subversivo médico vienés. Algunos de ellos (al principio, casi todos médicos) incluso se dirigieron a la Bergasse, 19 para conocer personalmente a aquel hombre que había llamado su atención con sus teorías sobre la sexualidad y el inconsciente.

Recordemos que en aquellos momentos el profesor ya no contaba con el apoyo incondicional que hasta entonces su amigo Fliess le había brindado. Tampoco olvidemos que *La interpretación de los sueños*, libro en el que tantas esperanzas había depositado, había recibido el desalentador recibimiento de la indiferencia y del desdén. El cambio que ahora iba a experimentar la vida del profesor significaba una auténtica inversión en el papel que hasta entonces había interpretado: de discípulo ensimismado por el poder del maestro pasaba a ser el mentor de un grupo de intelectuales de cierta posición científica y social que se mostraban dispuestos a afirmar todo aquello que éste les comentara. El profesor pronto iba a comprobar cuán atractivo resultaba el reconocimiento y la pleitesía tras una etapa de decadencia.

Si indagamos en las peculiares biografías de muchos de los seguidores de Freud comprobaremos que una gran parte de éstos buscaba en la metodología erigida por el maestro una respuesta a algunas de las preguntas que hasta el momento les habían perseguido. Esta afirmación permite comprender la convicción con la que determinados discípulos defendieron a su mentor, puesto que para ellos negar las teorías de Freud también habría conllevado el tener que negar las esperanzas que habían depositado en él. Tal dependencia resultaba inequívocamente peligrosa, ya que les inducía a rendir pleitesía y agradecimiento hacia aquel que tal vez podría ayudarles a superar sus miedos personales. En las reuniones psicoanalíticas no sólo se proyectaban los casos de aquellos pacientes que los seguidores de Freud estaban tratando, también se ponían en común los miedos, fobias y episodios sexuales de los propios integrantes. Esta exposición pública propiciaba que se crearan fuertes vínculos afectivos entre los seguidores de Freud, además de una conciencia colectiva que encontraba su razón de ser en la identificación común entre los miembros. Además, el hecho de que las teorías psicoanalíticas sufrieran el rechazo de gran parte de la comunidad científica permitía que los alumnos fortalecieran tales lazos internos.

En otoño de 1902, bajo la orgullosa mirada de Sigmund Freud, se celebró la primera de las reuniones de la «Sociedad Psicológica de los Miércoles», el embrión de lo que posteriormente se calificaría como Sociedad Psicoanalítica de Viena. El núcleo de esta primera sociedad lo constituyeron Rudolf Reitler, Max Kahane (que pronto abandonarían las reuniones psicoanalíticas), Alfred Adler (el protagonista de la primera disensión importante de la Sociedad) y el antidogmático Wilhelm Stekel (Bojan, 1869), que, al igual que Freud, se había especializado en Neurología tras estudiar la carrera de Medicina. Fue Stekel quien propuso a Freud la constitución de una sociedad en la que se debatieran las teorías psicoanalíticas. («Existía una armonía total —diría Stekel sobre estas primeras reuniones— entre los cinco, no había discrepancias, éramos como pioneros en una tierra recién descubierta, y Freud era el líder. Parecía haber una chispa que pasaba de una mente a otra, y cada noche era como una revelación.»)

Poco tiempo después de que se formara la «Sociedad Psicológica de los Miércoles», diferentes médicos e intelectuales procedentes del extranjero que se habían sentido encandilados por el contenido de obras como *La interpretación de los sueños* o *Estudios sobre la histeria* entablaron contacto con Freud. La llegada de «los extranjeros» podía asegurar un porvenir lleno de oportunidades para el psicoanálisis. Con ellos no sólo se aseguraban la difusión internacional y la continuidad del movimiento más allá de las fronteras austriacas, sino que, además, su inteligente mirada podía perfeccionar los fallos y las imprecisiones que por aquel entonces presentaba aún la metodología freudiana. Hasta el momento, ninguno de los vieneses (salvo Rank y Adler) había puesto realmente a prueba las habilidades dialécticas del profesor, de allí que Freud, deseoso de que alguien le ofreciera nuevos puntos de vista que pudieran enriquecer sus teorías, se sintiera mucho más atraído por la llegada de los psicoanalistas extranjeros. Había también otro detalle que no escapaba a Freud y que le llevaba a mostrarse más receptivo ante los recién llegados: algunos de ellos eran cristianos, circunstancia que, según el profesor, podría barrer las resistencias que los antisemitas levantaban ante el psicoanálisis.

En 1910, durante la celebración del congreso de Núremberg, Sandor Ferenczi, uno de esos analistas extranjeros, propuso a los asistentes, con el apoyo de Freud, que se constituyera una sociedad psicoanalítica internacional que situara su centro neurálgico en Zúrich y que tuviera a Carl Gustav Jung, el más brillante de los psicoanalistas suizos, como presidente vitalicio. Era la primera manifestación pública de la decadencia vienesa. Pese a que Freud, intentando calmar los ánimos de sus compatriotas, designara a uno de sus más excelsos representantes, Alfred Adler, como nuevo presidente de la Sociedad Psicológica de Viena, este hecho dejaba entrever quiénes iban a tomar a partir de entonces las decisiones importantes en el círculo psicoanalítico.

En ese grupo de «extranjeros» destaca una serie de personajes que dejarían su impronta en la historia del psicoanálisis. Algunos

97

se separarían para siempre de los planteamientos freudianos, otros mantendrían una fidelidad abrumante. Entre los integrantes del segundo grupo sobresalieron Ernest Jones, Karl Abraham, Max Eitingon, Ludwig Binswanger, Henri Pfister y Lou Andreas-Salomé.

Ernest Jones, médico, había nacido en Gales en 1879. Aunque al principio mostró sus reticencias ante las teorías psicoanalíticas, acabó convirtiéndose en uno de los más tenaces defensores de la causa freudiana. Al igual que su maestro, Jones se sentía decepcionado por la ortodoxia inmovilista en la que se hallaba sumida su profesión y buscaba, a través de la metodología psicoanalista, ofrecer respuestas allá donde los convencionalismos médicos del pasado parecían detenerse.

Jones también pasaría a la historia por escribir la biografía «oficial» de Freud. El hecho de que este discípulo pudiera acceder a los archivos personales de la familia, consiguiendo así un material que incluso hoy en día permanece inédito, sumado a su condición de testigo directo de los acontecimientos, convierte esta biografía en una obra de referencia obligada para todos aquellos que pretendan estudiar la personalidad del creador del psicoanálisis. Ahora bien, no olvidemos que Jones estaba demasiado implicado en la causa como para ser imparcial en sus conclusiones; en su obra, se dedicó a denigrar con intencionalidad plenamente propagandística a todos aquellos que se pusieron en contra del profesor Freud, creando una leyenda negra sobre estas figuras que, en muchos casos, ha conseguido llegar a nuestros días.

El primer encuentro de Karl Abraham (Bremen, 1877) con Freud data de 1907. Poco a poco el alemán iría cultivando una sincera y afectuosa amistad con el profesor que consiguió mantener, pese a algunos contratiempos e incompatibilidades, hasta el final de sus días. Fue uno de los discípulos más fieles con los que contó su maestro: todas sus teorías están enmarcadas dentro de los más estrictos cánones de la ortodoxia freudiana. Fundó la Sociedad Psicoanalítica de Berlín para poder así difundir las teorías freudianas sobre el mapa alemán. Sin embargo, su misión tropezaría con la conservadora psiquiatría germana, escasamente receptiva a cualquier novedad que proviniese del exterior.

98

Los otros dos médicos que vale la pena destacar son Max Eitingon y Ludwig Binswanger. El primero, ruso, que llegó hasta el profesor recomendado por Bleuler y Jung, se hizo cargo junto con Abraham de la Sociedad Psicoanalítica alemana. Su fidelidad (y sus recursos económicos) pronto le convertirían en otro de los integrantes básicos del círculo psicoanalítico freudiano. Por su parte, Ludwig Binswanger, suizo, había acudido en 1907 a Viena acompañado de su amigo Jung para conocer al creador del psicoanálisis. Su amistad con Freud, a diferencia de la de Jung, se mantendría hasta el final de sus días.

Freud no solamente se rodeó de médicos, también intentó atraerse a hombres y mujeres alejados del campo científico. Pese a que la falta de formación clínica pudiera parecer un inconveniente frente a la preparación que mostraban los experimentados doctores, algunos de estos «analistas legos» alcanzaron una gran importancia dentro de las filas freudianas. Entre aquellos que procedían del círculo de Viena destacaron Max Graf y, especialmente, Otto Rank, quien, pese a dar sus primeros pasos en la Sociedad como secretario, acabó convirtiéndose en una de las figuras más brillantes del círculo psicoanalítico. Otros hombres de ese grupo originario, que no alcanzaron la trascendencia de los anteriormente citados, fueron Paul Federn, Isidor Sadger, Eduard Hitschmann y Hugo Heller.

Fuera del ámbito vienés destacaron también dos analistas legos que cabe mencionar por sus personalidades interesantemente atípicas: Oscar Pfister y Lou Andreas Salomé.

Oscar Pfister, pastor protestante oriundo de Zúrich se convirtió a la causa psicoanalítica porque creyó encontrar en ella el método perfecto para «curar el alma» de los cristianos. Pfister creía que la teología y la psicología de su tiempo sólo ofrecían «interminables especulaciones sobre la metafísica del alma» que dejaban «intactos los grandes problemas de la vida». En cambio, según Pfister, las novedosas teorías de Sigmund Freud sí que podrían ofrecer respuestas directas a tales problemáticas. Sus creencias religiosas y su peculiar uso del psicoanálisis no fueron impedimento para que el ateo Freud, que conoció al pastor en 1909, sintiera una especial y sincera estima por él. Sin embargo, la particular visión de Pfister, que conjugaba en su ideología la religión y el psicoanálisis, dos conceptos tan teóricamente enfrentados entre sí, disgustó a gran parte de la comunidad protestante de Suiza; de hecho, el pastor estuvo a punto de perder su parroquia en varias ocasiones por culpa de las airadas protestas de los fieles.

La otra analista atípica fue la atractiva Lou Andreas-Salomé, una seductora y enigmática mujer de ascendencia noble (su padre era oficial del ejército de los Romanov) nacida en San Petersburgo en 1861 que consiguió conquistar el afecto del impertérrito y sexista profesor Freud. Lou tenía una magia especial que atrapaba a todos los hombres que la rodeaban; muestra de ello es que hasta el solipsista y misógino Friedrich Nietzsche se sintió seducido por sus dulces encantos. La joven conoció al subversivo pensador en Roma, en 1882, gracias a un amigo común, Paul Rée. Por aquella época Lou buscaba hombres con los que mantener un compromiso intelectual; Nietzsche, en cambio, buscaba una compañera que sustituyera a su hermana en las labores del hogar y que, además, pudiera compartir con él sus inquietudes eruditas; por su parte, Rée, visiblemente enamorado de la muchacha, se conformaba con pasear con ella por las calles de Roma. Los tres formaban un atípico grupo de amigos que llevaban una extravagante vida en común. Sin embargo, la relación estaba destinada a la ruptura. Nietzsche pronto sorprendió a Lou con una proposición de matrimonio que la muchacha inmediatamente rechazó. Había algo en él que le causaba admiración, pero también repulsión, y no creía que el alemán fuese la pareja adecuada para ella. Poco tiempo después Nietzsche lo intentó de nuevo, pero ella volvió a declinar la segunda propuesta. Cuando el subversivo filósofo comprendió que no interesaba realmente a su amiga, decepcionado, y tal vez enamorado, se arrojó a los brazos del desengaño y emprendió la redacción de la primera parte de una obra que pronto se convertiría en un clásico, *Así hablo Zarathustra*.

En 1887 Lou sorprendió a sus viejos amigos con la noticia de que se había casado. El afortunado era un tal Friedreich Carl Andreas, que, aunque destacaba en varias parcelas de las ciencias y las letras, nunca alcanzó la brillantez de algunos de los amantes que a lo largo de su vida conquistó su esposa. El matrimonio nunca se llegó a consumar, pese a los sucesivos intentos de Andreas de tomar a Lou por la fuerza.

Los insatisfactorios romances persistieron a lo largo de la vida de la rusa. Muchos de los hombres con los que se relacionaría desde entonces, como el doctor Pineles, que se sumió en la desesperación y el aislamiento después de ser abandonado por Lou, sufrirían las consecuencias del carácter contradictorio de la joven. Entre sus muchos amantes aparecen figuras tan eminentes como el poeta y novelista Rainer María Rilke o el brillante (y mucho más joven que ella) psicoanalista Victor Tausk. Rilke, a quien Lou conoció en 1897 cuando era un joven escritor aún desconocido, diría años después que el tiempo que había pasado junto con ella había sido básico para su carrera: «Sin el influjo de esta mujer excepcional, mi evolución no hubiera tomado los caminos que tan lejos me han permitido llegar».

A Victor Tausk le esperaba un destino mucho más trágico. Brillante y agraciado, decidió formarse como médico tras considerar que su carrera (Derecho) no le iba a ser de gran ayuda a la hora de encarar la práctica psicoanalítica. Sin embargo, pese a su inteligencia y a sus éxitos profesionales y amorosos, Tausk era un personaje complejo que padecía graves trastornos depresivos. El 3 de julio de 1919, a ocho días de su boda, inmerso en una terrible desesperanza, decidiría acabar con su vida estrangulándose y disparándose un tiro en la sién. Pese a la elogiosa necrológica que Freud le dedicó («Todos los que conocían de cerca al fallecido apreciaron su carácter límpido, su honradez frente a sí mismo como frente a los demás y su noble naturaleza, caracterizada por un anhelo de lo perfecto y de lo puro. (...) nadie pudo sustraerse a la impresión de tener ante sí a un hombre importante. (...) Su memoria tendrá una plaza de honor en la historia del psicoanálisis y de sus luchas iniciales»), el profesor no se sintió realmente apenado por la muerte de su discípulo. Hay una línea, que su hija Anna censuró (al igual que las extrañas circunstancias del suicidio del psicoanalista), que resume perfectamente la actitud de Freud ante la muerte de Tausk: «Debo confesar que realmente no lo echo de menos. Hacía ya mucho tiempo que lo consideraba inútil e incluso una amenaza para el futuro».

Lou conoció a Sigmund Freud el 21 de septiembre de 1911, durante la celebración del congreso psicoanalítico de Weimar. Había acudido allí vívidamente interesada por conocer a aquel hombre que tal vez podría hallar la clave de su insatisfacción personal. Considerando sus desórdenes afectivos y sexuales, no resulta de extrañar que Lou, al igual que tantas otras personas que se convirtieron a la metodología psicoanalítica, pretendiera encontrar en el psicoanálisis una explicación a esas contradicciones que la habían perseguido toda su vida. Durante su primer encuentro Freud no tomó en serio a la rusa; incluso le sonrió con irónica benevolencia, agradeciéndole «su vehemencia por aprender su psicoanálisis», después de que ésta le mostrará el interés que tenía por convertirse a la causa freudiana. Pese a esta primera impresión, con el tiempo, el encanto de Lou también lograría atraer la admiración del profesor.

Si Lou Andreas-Salomé pudo conquistar a esos grandes hombres fue, además de por su atractivo físico, por su fascinante inteligencia. Sus impresionantes conocimientos, que abarcaban los más diversos aspectos de la cultura, sorprendían a todo aquel que tenía ocasión de conocerla. A lo largo de su vida publicó una veintena de libros y más de un centenar de artículos en los que trató temas tan variopintos como los símbolos del sueño, la magia y la religión, la homosexualidad, la neurosis y un largo etcétera.

Entre todos los psicoanalistas que rodearon a Freud destacaron cuatro personalidades, Alfred Adler, Carl Gustav Jung, Otto Rank y Sandor Ferenczi, todos con un punto en común: la disidencia. La experiencia de la separación (especialmente con los tres últimos) sería muy desagradable para Freud, no sólo porque el profesor había depositado en ellos grandes esperanzas e ilusiones, sino también porque todos ellos configuraron particulares teorías que fueron capaces de cuestionar muchas de las tesis que el profesor había construido.

IX.   EL PRIMER CISMA PSICOANALÍTICO: ALFRED ADLER Y CARL GUSTAV JUNG

Alfred Adler, la primera secesión

Sigmund Freud y Alfred Adler (Viena, 1870) fueron dos hombres muy diferentes entre sí que defendieron ideologías diametralmente opuestas; el primero era un frío determinista racional anclado en las ideologías decimonónicas a quien, pese a que en algunos casos pudiera manifestar ciertos aspectos liberales en su pensamiento, las luchas sociales de su tiempo nunca parecieron hacer mella; el segundo era un defensor del modelo político socialista que procuraba utilizar la teoría psicoanalítica como un instrumento más para su lucha política.

La relación entre los dos hombres fue amistosa y respetuosa hasta el momento en que Adler, con su *Estudios sobre la inferioridad de los órganos* (1907), comenzó a postular una serie de planteamientos que contradecían peligrosamente algunas de las teorías psicoanalíticas freudianas. Adler encontraba en las carencias orgánicas (él es el autor del posteriormente famoso Complejo de Inferioridad) el auténtico motor de gran parte de los comportamientos neuróticos, aspecto que dejaba en segundo plano gran parte de los planteamientos teóricos de su maestro y que llegaba a invalidar la metodología expuesta por éste. Esta concepción de la existencia, tan sujeta al desarrollo personal del individuo, estaba en directa relación con la biografía de su autor, ya que Adler había sufrido una infancia enfermiza e infeliz que le había obligado a sacar de sí mismo las fuerzas necesarias para superar todas las problemáticas que le rodeaban

Tras la decepción sufrida durante el II Congreso Psicoanalítico Internacional, en Núremberg, en 1910, por el que se dejó en patente segundo plano a la Sociedad Psicoanalítica de Viena, Adler se atrevió a exponer con menor discreción sus diferencias teóricas respecto a Freud. Pese a que fue designado presidente de la Sociedad, además de director de una revista básica para el movimiento freudiano (la *Zentralblatt für Psychoanalyse*), el discípulo pronto comprendió que lo único que el profesor pretendía con esos nombramientos era silenciar las rebeldías que podían originarse en el grupo vienés.

Con el fin de limar las asperezas que se levantaron entre las filas psicoanalíticas por culpa de las afirmaciones de Adler, se decidió organizar un debate en el que se pudieran tratar abiertamente las divergencias. Este congreso se desarrolló durante los meses de enero y febrero de 1911 y con él sólo se consiguió que los ataques y contraataques entre las dos posturas se hicieran cada vez más violentos. Adler, en su intervención, desechó descubrimientos como el Complejo de Edipo, el origen sexual de la neurosis, la represión y el concepto de sexualidad infantil; Freud, por su parte, pese a que al principio había considerado que su discípulo había dado con *Estudios sobre la inferioridad de los órganos* pistas interesantes que permitirían dilucidar mejor los procesos por los cuales se formaba el carácter del individuo, no podía aceptar que Adler diera tanta relevancia a elementos que él consideraba totalmente secundarios.

Tras una serie de nuevas y agrias discusiones, en las que Freud demostró lo poco dispuesto que estaba a que se le cuestionasen los conceptos básicos de sus teorías, Adler, acompañado de nueve miembros más del grupo vienés, se separó definitivamente de las sociedades freudianas para fundar la Institución de Psicoanálisis Libre, asociación de desafiante nombre con la que esperaba dar salida a todos sus postulados teóricos.

Poco tiempo después sería Stekel, amigo y compañero de Adler, quien abandonaría el grupo de Freud. Pese a que había sido uno de los primeros defensores que el profesor había encontrado en Viena, Stekel nunca terminó de resultarle simpático. Ernest Jones diría de él que «carecía de toda conciencia científica», e incluso le acusó de haberse inventado los casos con los que ilustraba sus teorías. Sin embargo, dado el interés propagandístico de algunas afirmaciones de Jones, y teniendo en cuenta que hay un buen número de testimonios que manifiestan lo contrario, deben tenerse en cuenta estos planteamientos con cierta prudencia.

Adler fue el primer disidente, pero también fue la primera víctima de la propaganda freudiana. Se le consideró un individuo ambicioso y egoísta que sólo había buscado la fama y el poder. Sin embargo, los colegas que le acompañaron tras su dimisión le definieron siempre de forma halagadora. Ernest Jones, el principal causante de las leyendas negras que se cernieron sobre los renegados de Freud, negó la validez de casi todas sus argumentaciones, acusándolo —siguiendo siempre los planteamientos de su maestro— de subordinar la psicología a la biología.

Sin embargo, cabe mencionar que entre los textos de Adler se encuentran referencias que parecen pronosticar la visión psicoanalítica de la actualidad; ahora bien, el hecho de que no desarrollara estas intuiciones impide que se le haya considerado una figura de mayor relevancia para la historia de la psicología. Adler pareció siempre más atento a relacionar el psicoanálisis con sus inquietudes políticas que a aportar pruebas concluyentes que dieran peso real a sus afirmaciones.

Carl Gustav Jung, el hijo renegado

Carl Gustav Jung es uno de los genios ensombrecidos y minimizados por la influencia social y cultural del poderoso cuerpo teórico (y propagandístico) de su maestro Sigmund Freud. Pese a que para muchos intelectuales supuso una auténtica respuesta a los cada vez más desgastados y simplistas planteamientos freudianos, sus teorías supraindividualistas han originado casi tantos rechazos como las de su maestro. Ha sido acusado de carecer de «lógica científica», se le ha degradado a la categoría de pensador del fascismo (colaboró con el nacionalsocialismo poco después del ascenso de Hitler al poder) y también, entre otras acusaciones, se le ha intentado denigrar reduciéndolo a la categoría de pensador místico y esotérico.

Demasiado atento a la percepción espiritual como para aceptar el hermetismo sexual freudiano, Carl Gustav Jung conformó un sistema teórico en el que pretendía superar el enfoque de su maestro para construir un psicoanálisis que se apartara de sus criterios mecanicistas y deterministas. Tal y como había sucedido en el pasado, el distanciamiento teórico provocó el final de la amistad. Pese a ello, Jung nunca olvidaría la influencia que sobre él había ejercido el profesor. En *Recuerdos, sueños, pensamientos*, el libro de memorias que escribió en su vejez, dedicaría las siguientes líneas a su viejo amigo: «Freud era el primer hombre realmente importante que yo conocía. Ningún otro hombre de los que entonces conocía podía equiparársele. En su actitud no había nada de trivial. Le encontré extraordinariamente inteligente en todos los aspectos. Y pese a ello mis primeras impresiones sobre él fueron poco claras y en parte incomprendidas».

Jung nació el 26 de julio de 1875 en Kesswil (Suiza), una pequeña localidad campesina situada junto al lago Constanza. Su padre, Paul Achilles Jung, fue un pastor protestante que intentaba utilizar la teología para solucionar sus inseguridades religiosas: «Él estaba solo. No tenía amigos con quienes poder hablar [...] Una vez le oí rezar: luchaba desesperadamente por su fe. Quedé conmovido e indignado a la vez porque veía que sin remisión quedaba a merced de la Iglesia y de sus pensamientos teológicos». De su madre Emilie pintaría Jung este peculiar e inquietante retrato:

> *Mi madre fue para mí una madre excelente. Expandía una cándida atmósfera, era extraordinariamente afectiva y muy corpulenta (...) Tenía todas las cualidades habituales que se pueden tener, pero en ella se manifestaba una segunda personalidad que era, sin lugar a dudas, insospechadamente poderosa, era una figura grande y oscura que poseía una indiscutible autoridad. Yo estaba seguro de que en ella había también dos personas: una ofensiva y humana, la otra, por el contrario, me parecía inquietante. Se manifestaba sólo raramente, pero siempre de modo inesperado y temible. Entonces hablaba como*

consigo misma, pero lo dicho iba por mí y me afectaba, como de costumbre, en lo más íntimo, por lo que quedaba atónito.

El ambiente espiritual y místico en el que se crió Jung (su padre era un pastor y su madre provenía de una familia acostumbrada al espiritismo y a los fenómenos paranormales) dejó una huella imborrable en la mentalidad del pequeño. Creía que Dios, el responsable de todo aquello que sucedía en el mundo, inspiraba directamente sus acciones, sueños y pensamientos. Sufría por sus pensamientos heréticos y se formulaba preguntas existenciales extrañas en un joven de su edad.

Jung fue un niño solitario e introvertido que utilizó su fértil imaginación para reemplazar todos aquellos anhelos que el mundo no podía ofrecerle. Se apartó del mundo para poder reflexionar sobre sí mismo y sobre todo lo que le rodeaba («Toda mi juventud puede compendiarse bajo el concepto del secreto. A causa de ello me refugié en una soledad casi insoportable (...) Se configuró ya entonces mi relación con el mundo tal como hoy es: también hoy estoy solo porque sé cosas y debo señalar que los demás no las saben y que, en su mayoría, tampoco quieren en absoluto saberlas»). Presa de la confusión que le procuraban sus realidades, desarrolló dos personalidades: para combatir al insulso, arisco y monótono niño que presentaba ante sus semejantes, decidió crearse una figura mucho más interesante que reflejara el complejo mundo interior en el que se movía. Entroncada con el *Fausto* de Goethe y relacionada con los mundos poéticos del medievo, esta personalidad «número 2» («En ella dominaba la luz como en los amplios salones de un palacio real, cuyas altas ventanas se abrían a un paisaje bañado por el sol») simbolizaba a ese hombre adulto y espiritual que vivía en su interior y que no se atrevía a mostrar en público.

Por supuesto, éste no era un desdoblamiento neurótico (del modo de, por ejemplo, Anna O.), ya que Jung empleaba tales personalidades de modo totalmente consciente («Se me ocurrió que en realidad yo era dos personas distintas»). Jung, además, estaba

107

convencido de que las contradicciones de las dos personalidades se hallaban en todos los hombres y mujeres.

En su *Recuerdos, sueños, pensamientos*, Jung describiría su peculiar dualismo con las siguientes palabras:

> *En el fondo sabía siempre que en mí había dos personalidades. Una era la del hijo de sus padres, que iba a la escuela y era menos inteligente, atento, estudioso, disciplinado y limpio que muchos otros; por el contrario, la otra era adulta, vieja, escéptica, desconfiada, apartada de la sociedad. Ésta tenía a su favor a la naturaleza, a la Tierra, al Sol, a la Luna, a la criatura viviente y principalmente también a la noche y los sueños, y todo cuanto en mí manifestaba la influencia inmediata de «Dios».*

A medida que Jung fue haciéndose adulto su personalidad «número 1» fue cobrando mayor presencia en sus acciones. Decepcionado por los resultados de su búsqueda espiritual decidió buscar nuevas respuestas explotando su atracción por las ciencias. En 1895 Jung entraría en la Facultad de Medicina de la Universidad de Basilea. Se especializaría en Psiquiatría, demostrando así que no quería depender de cerradas normas que le impidieran imprimir una personalidad propia a sus estudios (era una disciplina poco explorada aún, de ahí que aún no hubiera reglas demasiado arraigadas). La psiquiatría y el estudio de los enfermedades mentales le daban cierta libertad, y además, le permitían aplicar criterios subjetivos a las investigaciones. En definitiva: la psiquiatría le permitía desarrollar su variante más imaginativa y creativa.

Durante su adolescencia, después de que los postulados teológicos del cristianismo inculcados por sus familiares comenzaran a decepcionarle, Jung buscó en el pensamiento filosófico nuevas respuestas a sus viejas preguntas. Del sombrío mundo de Schopenhauer y de su concepción pesimista de una existencia sin armonía pasaría a leer y releer con deleite el estricto racionalismo defendido por Kant, de quien quedaría prendado tras conocer su *Crítica de la razón pura*. Sin embargo, el filósofo que mayor influencia tendría sobre él sería el alemán Friedrich Nietzsche. En su juventud el filósofo alemán había impartido clases de Filología Clásica en la Universidad de Basilea, la misma en la que Jung se había matriculado para estudiar Medicina («Crecía, pues, en una atmósfera que vibraba todavía bajo el impulso de su doctrina»). Las lecturas del filósofo causaron notable influencia en el pensamiento del joven Jung: «Nietzsche era para mí el único hombre de aquella época que me proporcionaba respuestas adecuadas a ciertas preguntas acuciantes». La lectura de *Así habló Zaratustra* causó en él «una fuerte conmoción». Desde entonces pensó que la personalidad «número 2» que había en su interior podía considerarse su particular Zaratustra. Después de leer sus textos y conocer el desdén que se le tenía entre determinados círculos intelectuales, Jung consideró que el gran error de Nietzsche (que por aquel entonces estaba pasando las últimas fases del agudo desequilibrio mental que le arrastraría hasta su muerte, en 1900) había sido el de haber «mostrado la [personalidad] "número 2" a un mundo en el que nada se sabía ni se comprendía de tales cosas». Según Jung, la «número 1» era mucho más útil porque permitía al individuo integrarse en la sociedad. Si predominaba la otra personalidad, el individuo estaba abocado al fracaso o a la locura.

Ávido devorador de libros, en 1900 llegaría a sus manos *La interpretación de los sueños,* obra a la que en principio no prestó especial atención «porque no la comprendía aún». Sólo una segunda lectura, tres años después, consiguió ponerle en contacto con el inconsciente y con el efecto que la represión podía ejercer sobre el individuo. Si bien Jung manifestó prontamente su discordancia respecto al pansexualismo freudiano, no dudó, al menos al principio, en utilizar la mayoría de sus premisas para configurar sus propias teorías psicoanalíticas. Esta pretensión, que dio lugar a su libro *Die Psychologie der Dementia praecox*, provocó el rechazo de la mayoría médica de Zúrich. En palabras de Jung: «Mis colegas se burlaron de mí. Pero por este trabajo me encontré con Freud. Me invitó a visitarle y en febrero de 1907 tuvo lugar nuestro primer encuentro en Viena. Nos encontramos a la una del mediodía y hablamos durante trece horas ininterrumpidamente».

Esa primera reunión entre los dos hombres discurrió entre agradables conversaciones, profundos debates y feraces discusiones. Sin embargo, cuando comenzaron a interpretar sus sueños (tanto Jung como Freud tuvieron siempre una sorprendente capacidad para recordarlos), el maestro confesó al recién llegado que había hallado en uno de ellos el anhelo inconsciente de asesinarle. Esta interpretación onírica concuerda con la personalidad de ese ambicioso joven que había acudido a Viena entusiasmado por las teorías psicoanalíticas; pero también manifiesta el deseo latente del profesor de hallar en él a un discípulo brillante que pudiera defender el psicoanálisis tras su muerte. Ésta fue la obsesión que le perseguiría desde el momento en el que empezó a rodearse de discípulos. Freud había depositado grandes esperanzas en Jung, de allí que la posterior separación del suizo fuera aún más difícil. («Si yo soy Moisés —escribiría Freud a Jung el 17 de enero de 1909—, será usted quien, como Josué, tome posesión de la tierra prometida de la psiquiatría, aquella que yo sólo vislumbro en la lejanía.»)

Jung pudo comprobar el carisma de su maestro en Salzburgo, el 26 de abril de 1908, durante la celebración del histórico primer Congreso Internacional de Psicoanálisis. Allí, Freud encandiló a su audiencia con el extravagante caso de Ernst Lanzer, el «hombre de las ratas», un joven abogado que había acudido al profesor el año anterior con la esperanza de que éste le solucionara una serie de episodios obsesivos que ningún médico había logrado curar.

Atendiendo al relato clínico que Freud escribió, resulta interesante observar cómo el profesor enmarca el caso de Ernst Lanzer en todos los postulados de sus teorías. El Complejo de Edipo, las tendencias homosexuales y el rencor al progenitor que diagnosticó al joven paciente se entroncan perfectamente con todo su sistema teórico, al igual que la metodología utilizada para el completo restablecimiento del paciente. Sin embargo, hay algunos investigadores que consideran que el profesor seleccionó las pruebas para hacer más efectivo este caso. En las notas conservadas se encuentran algunos datos (como, por ejemplo, la relación de Ernst con su madre o ciertas pérdidas traumáticas que le sucedieron durante la infancia) que fueron desestimados por Freud y que, según los conocimientos que tenemos hoy en día, habrían permitido com-

110

prender mejor las acuciantes neurosis que el «hombre de las ratas» padecía. Louis Breger afirma que el profesor exageró el éxito del tratamiento para ofrecer a sus seguidores un caso que pudiera convencerles de los logros que se podían conseguir cuando se aplicaba correctamente su metodología.

Pese a los apoyos de estos primeros discípulos, Freud estaba muy lejos de alcanzar el beneplácito de la sociedad científica, de allí que le congratulara enormemente recibir en enero de 1909 una carta de G. Stanley Hall, el rector de la Clark University de Worcester (Massachussets), en la que éste invitaba al profesor a su país «para dar entre cuatro y seis conferencias [...] con motivo de la celebración del vigésimo aniversario de su fundación». Pese a que en principio rechazó la proposición («porque no soy suficientemente rico para renunciar a los ingresos de tres semanas de trabajo en Viena»), tras la mejora económica que le ofreció G. Stanley Hall, el profesor decidió cambiar de opinión.

Acompañaron al profesor en su viaje a América dos de sus discípulos predilectos, Jung (que también había recibido algunos honores por parte de esa universidad) y Sandor Ferenczi (quien pronto iba a convertirse en el discípulo preferido de Freud).

El 29 de agosto, después de una travesía de nueve días, el barco en el que viajaban los tres hombres atracó en Nueva York. Después de desembarcar del *George Washington* y pisar por primera vez el suelo estadounidense, Freud pudo comprobar sin sorpresa alguna que sólo uno de sus discípulos, Abraham A. Brill, había acudido para recibirle. Al día siguiente, únicamente un periódico aludió a la llegada del profesor europeo. En él se leía: «Profesor Freund (sic.) de Viena».

Los tres hombres recorrieron una creciente Nueva York que estaba a punto de despojar a París de su corona de «capital del mundo». Acompañados de Ernest Jones (que había viajado hasta allí para servir de anfitrión al profesor) y Abraham A. Brill, los recién llegados visitaron algunos de los paisajes más significativos de la ciudad. El parque de atracciones de Coney Island, el inmenso Central Park, la Universidad de Columbia y el Metropolitan Museum (al que Freud acudió para observar las importantes antigüedades griegas que allí se ubicaban) fueron algunos de los

111

puntos que más hondamente llamaron la atención del profesor. También tuvieron la oportunidad de presenciar por primera vez en sus vidas la proyección de una película de cine. Ernest Jones, testigo directo de los acontecimientos, ofrecería el siguiente retrato del momento: «Ferenczi, con su manera infantil, se mostró muy excitado. Freud, en cambio, no hizo más que divertirse tranquilamente». Reservaron también una de sus noches para dar un paseo en coche por el barrio chino de la ciudad. De él, Jung pintaría en una de sus cartas un sombrío paisaje:

> *Era inquietante y sucio. Todos los chinos van vestidos de azul oscuro y andan con sus largas trenzas negras (...) En cada esquina se teme ser asesinado (...) Aunque, los bravucones que andaban holgazaneando por allí tenían un aspecto más peligroso que los chinos. En todo el barrio chino hay nueve mil chinos; y sólo 28 mujeres. Hay, eso sí, un gran número de prostitutas blancas a las que la policía acaba de echar de allí. Estuvimos también en un tenebroso music hall, donde apareció un cantante a cuyos pies se arrojaba, como si fuera una recompensa, el dinero. Todo muy raro e inquietante, pero atrayente.*

Ferenczi, Jung y Freud se despidieron de Nueva York teniendo como fondo los incomparables rascacielos del West River. Atracaron el 5 de septiembre en Fall River, de donde tomaron el tren hacia Boston. Una vez en la capital de Massachussets se dirigieron hacia Worcester, la última escala del gran viaje.

El 10 de septiembre Freud abrió en la Clark University su ciclo de conferencias psicoanalíticas. Seguro y confiado de sí mismo, sin nota alguna que guiara sus palabras, ameno, directo y sin giros en el uso del lenguaje, el profesor presentó a su público un conciso, aunque acertado, compendio de sus teorías psicoanalíticas. Pese a que en las caras de algunos oyentes se dibujó cierta decepción tras comprobar que Freud no hacía especial hincapié en sus escabrosas teorías sexuales, la recepción general de las conferencias fue sorprendentemente positiva.

Entre aquellos curiosos e intelectuales que acudieron a Worcester para escuchar las sorprendentes teorías que el profesor traía de Europa, destacó la envejecida figura de William James, el pionero de la psicología científica en los Estados Unidos (entre otras muchas facetas, ya que el hermano de Henry James fue también médico, escritor, artista y filósofo), quien, pese a defender teorías difícilmente compatibles con las tesis freudianas, escuchó con enorme interés las conferencias. En 1902 había defendido en *Las variedades de la experiencia religiosa* la experiencia individual de la creencia religiosa. Pese a estas diferencias Freud y James intercambiaron impresiones durante un pequeño paseo que dieron por las inmediaciones de la ciudad. El profesor, años después, dedicaría al americano las siguientes líneas en su *Autobiografía*: «Me dejó una impresión indeleble. No puedo olvidar una pequeña escena: en el curso de un paseo, se detuvo de pronto, me entregó su bolso de mano y me rogó que me adelantara, pues me alcanzaría tan pronto como se le pasase el inminente ataque de *angina pectoris*. Murió del corazón un año después; desde entonces he deseado para mí una impavidez como la suya frente a la muerte próxima».

Tras el exitoso ciclo de conferencias, Freud dedicó unos pocos días más a visitar el continente. Una semana antes de su partida, el 14 de septiembre, tuvo la oportunidad de cumplir uno de los sueños que habían motivado su viaje americano: ver con sus propios ojos las espectaculares cataratas del Niágara.

Pese a haberse despedido entre aplausos y honores, Freud no guardaría una buena impresión del país americano. «¡Están convencidos de que les traemos la peste!», había comentado a su llegada al continente, convencido de que los estadounidenses serían incapaces de aceptar sus teorías. Toda su vida guardaría un fuerte rencor contra el espíritu capitalista norteamericano. Siempre consideró a los Estados Unidos como un país de «hipócritas» y «antisemitas» que estaban regidos por el dólar y la superficialidad. El 21 de diciembre de 1925 escribiría a Ernest Jones: «Siempre he dicho que América no es útil para nada más que para proporcionar dinero». Era tal la fobia que sentía por los Estados Unidos que

113

Freud llegó incluso a afirmar que tras su estancia en ese país su caligrafía había empeorado.

En cambio, Carl Gustav Jung, agradablemente sorprendido por la recepción que habían tenido sus teorías, escribiría en su *Selbstdarstellung*: «En Europa me sentía excluido, aquí me veía recibido como un igual por los mejores. Fue como la realización de una fantasía inverosímil». Al igual que su maestro, Jung sentía que el psicoanálisis estaba dejando «de ser una quimera» y que había entrado de lleno en el campo de la ciencia. Pero no sólo eso, Jung también se sintió fascinado por los atractivos del lugar de destino; en las cartas que escribe durante el interludio americano se percibe una impresión de paz y libertad que no aflora nunca en las de Freud. Pese a todo, Carl Gustav Jung no olvidaría cultivar su desagrado por algunos aspectos de la cultura americana; a Emma, su mujer, escribiría: «El costo de todo ello es terriblemente elevado y conlleva ya la semilla del fin».

Durante el viaje de regreso a Europa, en el vapor *Kaiser Wilhelm der Grosse*, Jung, fascinado «por la inmensidad y la infinitud del susurrante mar», indagó en su propio yo: «El mar es como la música: contiene en sí mismo y suscita todos los sueños del alma. La belleza y la grandeza del mar residen en que nos traslada a los fecundos fundamentos del alma y nos lleva a enfrentarnos creativamente con nosotros mismos». Puede que Jung ya intuyera la imposibilidad de compatibilizar satisfactoriamente las ideas que en esos momentos bullían en su mente con las de su maestro.

Demasiado atento a lo espiritual como para encerrar sus pensamientos en la racional metodología freudiana, Jung acabó convenciéndose de que no era capaz de aceptar plenamente las teorías de su maestro. Durante un tiempo había intentado renunciar a sus planteamientos por el poder y la influencia que Freud había ejercido sobre él, pero una vez superadas sus inseguridades personales respecto al psicoanálisis no pudo mantener durante más tiempo esos pensamientos. A Jung no le convencía que los impulsos sexuales reprimidos jugaran un papel tan predominante en las acciones del hombre. En la primera carta que Jung dirigió a Freud, el 6 de abril de 1906, éste advirtió una importante disconformidad

114

que ya pronosticaba el porqué de las discusiones futuras de los dos hombres: «La génesis de la histeria es predominantemente sexual, [pero] no lo es de forma exclusiva».

Si planteamos que fue la propia insatisfacción sexual de Freud la que le llevó a erigir un sistema que tenía el sexo como principal eje de su concepción metodológica, deberemos tener en cuenta un dato básico que permite entender mejor el porqué de la heterogeneidad de posiciones que los dos hombres acabarían adoptando ante la práctica psicoanalítica. Así, mientras la vida sexual de Freud parece ser insatisfactoria, monógama y represiva, la de Jung se presentaba satisfactoria, polígama y profusa. A Jung le costaba otorgar tales orígenes sexuales a las neurosis cuando él nunca había padecido problemáticas de ese tipo durante la infancia. Sus inquietudes tenían un carácter muy diferente: se había interesado por el espiritismo, por la astrología y el zodiaco; había leído libros tratando de entender las acciones que Dios realizaba sobre los hombres; y en sus recuerdos guardaba experiencias de carácter místico y sobrenatural («De la puerta del cuarto de mi madre venían influjos inquietantes. Por la noche mi madre estaba lúgubre, misteriosa. Una noche vi salir de su puerta una figura algo luminosa e indeterminada cuya cabeza sobresalía del cuello hacia delante y pendía del aire, como una pequeña luna. Inmediatamente surgió otra cabeza que se desprendió nuevamente»). Freud, en cambio, afirmaba que todos los asuntos espirituales no eran más que una ilusión que no merecía ser tratada con seriedad por el psicoanálisis.

Mientras Jung comenzaba a conformar sus primeras teorías psicoanalíticas, Freud seguía asegurando sus posiciones de poder. En 1912 el siempre fiel Jones propuso a Sandor Ferenczi y a Otto Rank la creación de una sociedad psicoanalítica freudiana que estuviera formada por las figuras más fieles al profesor: «Le procuraría una seguridad que sólo podía darle un grupo estable de amigos firmes y le ofrecería una tranquilidad en el caso de nuevas disensiones, a la vez que nosotros estaríamos en condiciones de ofrecerle alguna ayuda práctica». Según Jones, la intencionalidad del Comité (éste fue el nombre con el que se designó a la sociedad) no era otra que la de brindar apoyo y pleitesía al maestro, además

115

de ofrecerle un asidero emocional e intelectual que le permitiera desarrollar sus teorías. Pero el Comité también tendría una función mucho menos inocente: constituía un cerrado grupo de poder capaz de combatir tanto las desviaciones internas en las filas freudianas como los posibles ataques que se pudieran recibir desde los grupos contrarios al psicoanálisis. El grupo original lo conformaron Ernest Jones, Otto Rank, Hanns Sachs, Karl Abraham y Sandor Ferenczi, a los que se añadieron posteriormente Max Eitingon y Anna Freud. Todos los miembros de la sociedad portaban un anillo de oro que les distinguía de los demás discípulos en el que se había engarzado «un antiguo camafeo griego» que el mismo Freud había tomado de su colección personal de antigüedades

Uno de los primeros que iba a sufrir directamente el poder del Comité iba a ser el hasta entonces «hijo favorito» de Freud, Carl Gustav Jung. Por aquel entonces el suizo, ajeno a estos sucesos que se sucedían en torno a su maestro, se interesaba por las potencialidades místicas y mitológicas que ofrecía el psicoanálisis. Devoraba las obras de Friedrich Creuzer, los textos de Herodoto y los volúmenes de historia griega de Jakob Burckhardt. Todas estas lecturas vertían sobre él fuertes sensaciones que le dejaban en un estado de «confusión total». En su búsqueda por aunar lo mitológico con la mirada psicoanalítica freudiana (es decir, el parentesco existente entre el mito y el inconsciente), comenzó a encontrar las primeras incompatibilidades que presentaba su metodología en comparación con las enseñanzas del maestro. Creía que el psicoanálisis freudiano limitaba demasiado el campo de acción humano y no entendía que el profesor explicara manifestaciones complejas (como, por ejemplo, la cultura de la sociedad) bajo una etiología sexual.

El resultado de tales indagaciones daría lugar a *Transformaciones y símbolos de la libido*. En 1911 se publicaría la primera parte y al año siguiente la segunda (décadas después, en 1950, Jung editaría una versión corregida de la obra que recibiría el titulo de *Símbolos de transformación*, mucho más conocida en la actualidad que la original).

116

Si bien Freud también procuró profundizar en el significado del mito, su búsqueda se realizó siempre bajo cánones racionalistas. En *Tótem y tabú*, publicada en 1913 (un año después de la segunda parte de *Transformaciones y símbolos de la libido*), trataba de escudriñar el significado de los tabúes y manifestaciones totémicas de las sociedades primitivas. De los cuatro ensayos que comprendía la obra, el más largo, interesante y personal era el cuarto. Basándose en las teorías evolucionistas de Darwin, los estudios sobre mitos y religiones de James Frazer (*La rama dorada*, 1890), los trabajos etnológicos y antropológicos de Robertson Smith y la antropología evolucionista de Burnett Tylor, Freud pretendió explicar el proceso por el cual la sociedad había construido sus tótems y tabúes. Para ello partía de una idea de Robertson Smith (falsa, tal y como los antropólogos comprobaron poco después, desmontando así todas las argumentaciones de Freud) que afirmaba que el rito del canibalismo era común a todos los pueblos totémicos. Esta aseveración le serviría de punto de arranque para desarrollar en su libro cuestiones mucho más pretenciosas. Basándose en teorías darwinianas que afirmaban que el hombre de la prehistoria vivía en hordas con un jefe que acaparaba todas las mujeres, además de en las tesis de Robertson Smith, en las que aludía que el sacrificio y la ingestión del animal totémico eran una forma de que los individuos se pusieran en contacto con la divinidad, Freud afirmó que los hijos de una tribu primigenia, en algún momento de la precivilización, presos del apetito sexual que sentían hacia su madre, habían asesinado y devorado a su padre para poder satisfacer sus edípicos deseos incestuosos. Sin embargo, según Freud, el remordimiento provocado posteriormente por tan cruenta acción había sido tan terrible que los hijos habían decidido dictar una serie de normas incuestionables (los tabúes) con las que esperaban evitar que ese acto se volviera a repetir en el futuro. Además, en recuerdo del padre asesinado, los hijos habían erigido un tótem que pasaría a constituir el elemento sagrado de la tribu. Según Freud, las acciones por las que las tribus comían los animales relacionados con ese tótem no eran más que el recuerdo de ese terrible acto primigenio. Este conjunto de primeras normas que permitían al hombre vivir

117

en sociedad, constituirían, según Freud, el paso básico que había realizado la humanidad en su camino hacia la civilización.

Freud también intentó aplicar los postulados psicoanalíticos al campo de las artes. En su ensayo *Moisés*, publicado en 1914, pretendía desvelar el secreto que se hallaba tras los gestos de la escultura que había realizado Miguel Ángel en 1515 para la ambiciosa tumba del Papa Julio II. El autor sólo pudo terminar tres de las cuarenta figuras que en principio iban a integrar su espectacular mausoleo, pero una de ellas, la de Moisés, iba a convertirse en una de sus obras maestras.

Siempre que viajaba a Roma Freud iba a ver la espectacular escultura. Era capaz de pasarse horas observando sus contornos sin saber explicar el porqué de la fascinación que ejercían sobre él los gestos y rasgos de esa figura sedente. El 12 de abril de 1933 comentaría a Eduardo Weiss: «Mi relación con esta obra fue como la que se tiene con un hijo del amor. Diariamente, durante tres semanas solitarias en septiembre de 1913, me plantaba en la iglesia ante esta estatua, estudiándola, midiéndola, dibujándola, hasta que alboreó en mí la convicción que sólo me atreví a expresar anónimamente en el ensayo».

La mayor parte de los historiadores del arte consideraban que Miguel Ángel había plasmado en su obra el momento en el que Moisés, tras descender del Monte Sinaí y encontrar a los israelitas adorando al becerro de oro, arrojaba enrabietado las Tablas de la Ley contra el suelo. Pero Freud pretendía llegar más allá de esa interpretación; así, según él, Moisés no había llegado a destruir nunca el Decálogo, sino que ese instante de tensión que se dibujaba en su rostro y en el gesto en potencia de su mano estaba reflejando los intentos de Moisés por controlar sus impulsos y no desatar abiertamente su rabia contra los israelitas.

Esta interpretación subjetiva parece un producto de la identificación que debió de surgir entre el profesor y la figura de Moisés tras tantas horas de observación. Tal vez allí se hallara el secreto de la fascinación que Freud sentía por ese *Moisés* de Miguel Ángel. A fin de cuentas, el profesor también era un hombre que ponía freno a sus pasiones.

Durante estas mismas fechas Freud escribió también un pequeño ensayo en el que trató de penetrar en la personalidad de su admirado Leonardo da Vinci. Éste es sin duda un texto de escaso rigor histórico, pero sirve a Freud —que ya advierte de que la obra es un mero ejercicio psicoanalítico— para presentar las posibilidades que ofrecía su impecable metodología a la hora de comprender el «desarrollo mental e individual» de determinadas figuras históricas. Obviamente, las conclusiones expuestas en *Un recuerdo infantil de Leonardo da Vinci* (1910) siguen todos los tópicos de los relatos clínicos de Freud (Complejo de Edipo, acrecentado apego materno, tendencias homosexuales...).

En septiembre de 1912 Jung emprendió un nuevo viaje hacia América invitado por la Fordham University de Nueva York. Desde la visita de 1909, el interés americano por las investigaciones psicoanalíticas se había acrecentado espectacularmente, de allí que Jung fuera acogido, conferencia tras conferencia, entre aplausos y felicitaciones. La prensa más prestigiosa le dedicó detalladas entrevistas y, tras su marcha, sus textos fueron traducidos al inglés.

Sin embargo, en su ciclo de conferencias, Jung se desvinculó parcialmente de las teorías de su maestro para dar preeminencia a las propias. Cuando a la vuelta Jung pudo comentar al profesor el éxito que había tenido tras modificar los postulados psicoanalíticos freudianos, Freud no pudo hacer otra cosa que manifestar su disgusto ante la posición que había tomado su alumno. La publicación de la segunda parte de *Transformaciones y símbolos de la libido* (1912) confirmó todas las sospechas del profesor: la insurrección junguiana afectaba a las principales premisas de sus teorías. El discípulo intentaba redefinir la concepción de la libido, rechazaba la preeminencia que Freud daba al padre de familia (los sistemas matriarcales de la mitología le llevaban a plantear esta cuestión) y ni siquiera consideraba la existencia de un Complejo de Edipo.

Pese a ello, las tensiones estallaron por culpa de un asunto que no tenía nada que ver con el ámbito teórico. En 1912 Freud se trasladó hasta Kreuzlingen, preocupado por el grave estado de salud de su discípulo y amigo Ludwig Binswanger, sin que aprovechara el viaje para hacer una visita a Jung. La acción ocasionó que el discípulo, tras sentirse menospreciado por Freud, comenzara a enviar a su profesor fuertes (y en ocasiones incomprensibles) reproches por «el gesto de Kreuzlingen».

En noviembre de 1912 Jung y Freud tuvieron que desplazarse hasta Múnich para asistir a una reunión psicoanalítica que habían preparado los directivos de la Sociedad Internacional. Conscientes del mal rumbo que habían tomado últimamente sus cartas, los dos hombres aprovecharon la ocasión para tratar abiertamente sus diferencias. Freud consiguió que Jung se disculpara por los injustificados reproches que le había dirigido por no haberle visitado en su viaje a Kreuzlingen. Sin embargo, ninguno de los dos retrocedió un ápice en sus concepciones teóricas. Pese a que se despidieran en Múnich amistosamente, pronto el conflicto volvería a estallar.

Las últimas cartas que se enviaron los dos hombres demuestran el clima de incomprensión metodológica y personal al que ambos habían llegado. El 6 de enero de 1913 Jung enviaba a su maestro la histórica —y escueta— carta que ponía fin a su relación de amistad: «Querido señor profesor, me resignaré a su deseo de renunciar a nuestras relaciones personales, pues jamás impongo mi amistad a nadie. Por lo demás, piense en lo que este momento significa para usted. Lo demás es silencio». Durante el IV Congreso Psicoanalítico, celebrado en Múnich los días 7 y 8 de septiembre de 1913, los asistentes pudieron comprobar el desagradable clima de tensiones que había surgido de la confrontación. Allí, para gran disgusto del profesor, Jung fue reelegido presidente de la Asociación Psicoanalítica Internacional. Desde ese mismo momento Freud comenzó a conjurar contra su viejo discípulo para expulsarlo del cargo. Al final, el 20 de abril de 1914, Jung renunciaría a su puesto de presidente. Con él se fue gran parte de los miembros del grupo local de Zúrich. Freud escribiría a Karl Abraham poco después: «No puedo reprimir un "¡Hurra!" (...) Nos hemos desembarazado, pues, de ellos».

Tras la definitiva separación, Jung fue vendido por la propaganda freudiana como un traidor pretencioso emborrachado por sus deseos de gloria que ya tempranamente había planeado traicionar al profesor. La metodología freudiana siempre intentó des-

120

Freud continuó desarrollando los planteamientos metodológicos del psicoanálisis hasta el final de sus días.

121

prestigiar a Jung arguyendo el peculiar carácter místico que recubría sus conceptos e hipótesis. Pero aunque Jung, siempre interesado por la cuestión religiosa, propusiera una metodología de clara orientación espiritual, nunca alcanzaría los límites en los que los seguidores del psicoanálisis freudiano pretendieron situarle. Él buscaba hallar el impulso espiritual del comportamiento humano y no quería que el psicoanálisis explicara al hombre únicamente bajo estructuras mecanicistas. Sin embargo, el legado de Newton, Descartes y Darwin pesaba demasiado en la sociedad científica de la época como para que un psicoanálisis que tuviera en cuenta la percepción espiritual no fuera mirado con recelo por parte de aquellos que, como Freud, habían sido educados en el más estricto positivismo. El tiempo, sin embargo, daría nuevas oportunidades a Jung. Entre su legado conceptual figuran términos tan básicos para la psicología como «inconsciente colectivo», «extraversión», «introversión», «ánima», «arquetipo» y un largo etcétera.

X. FREUD Y LA GRAN GUERRA
(1914-1918)

El 28 de junio de 1914 un estudiante serbio llamado Gavrilo Princip asesinó en Sarajevo al archiduque Francisco Fernando, el heredero del trono de los Habsburgo, y a su esposa, la duquesa Sophie. El suceso, si bien en un principio no ocasionó excesiva inquietud entre los habitantes de los territorios del emperador, iba a arrastrar a Europa a una sangrienta guerra que provocaría profundos cambios en la sociedad del siglo XX. A raíz del atentado, Austria, deseosa de acabar con el irredentismo serbio, y apoyada por el poderío militar de una ambiciosa Alemania, decidió declarar la guerra a Serbia (después de enviarle un irrealizable ultimátum) tras argumentar que el asesinato se había preparado en su territorio.

Freud saludaría el estallido de la guerra con las siguientes palabras: «Empero, me siento ahora, quizá por primera vez en treinta años, austriaco y quisiera hacer una prueba más con este Imperio en que no pueden cifrarse muchas esperanzas. La moral es excelente en todas partes. El efecto liberador de la acción valerosa, el apoyo seguro de Alemania, contribuyen también mucho. Uno observa en toda la gente los más genuinos actos sintomáticos». Sin duda, esta declaración resulta extraña en un hombre que hasta entonces se había mostrado tan apático y prudente ante los acontecimientos históricos. A favor de Freud conviene señalar que la mayoría de la sociedad austriaca, arrastrada por el fulgor del patriotismo que el acontecimiento levantó, también apoyó la declaración de guerra. El arte y la cultura se pusieron al servicio del ejército y de la muerte; la poesía realizada durante estos tormentosos años adquirió tintes épicos y gloriosos; los textos laudatorios

123

del espíritu nacional comenzaron a aparecer en toda la prensa del país. En Alemania, el *Die neue Rundschau* publicó un editorial en el que se leía lo siguiente: «¡Guerra! La guerra es la purificación, la liberación que necesitamos, una esperanza inabarcable. Era de esto de lo que los poetas hablaban, y solamente de esto. ¿Qué les importa realmente a ellos el poder del Imperio, la hegemonía comercial, e incluso, la victoria?... Lo que inspiró a los poetas fue la guerra misma, como una aparición, como una exigencia moral».

La mayor parte de la sociedad europea esperaba una guerra rápida que discurriría bajo el aliento racionalista occidental. Sin embargo, esta optimista visión iría cambiando conforme el conflicto se alargara. La belleza del concepto de batalla heredado del siglo anterior, que creía que ésta embriagaba las almas de los hombres hasta el punto de actuar como un elemento catártico y purificador del ser humano, pronto se desvanecería para demostrar cuál era el auténtico rostro de la guerra.

Rápidamente, después de que Austria declarara la guerra, los mecanismos europeos de alianzas comenzaron a activarse. Alemania confirmó su alianza con el bando austriaco y Rusia decidió unir sus fuerzas con Serbia. Por su parte, Francia y Alemania se declararon la guerra mutuamente y Gran Bretaña, después de que los germanos ocuparan Bélgica, un país que durante las primeras fases de la guerra se había declarado neutral, decidió combatir del lado de las potencias de la Entente.

La esperanza de una guerra corta de seis semanas pronto se esfumó entre los campos de combate. Ni el Plan Schlieffen de los alemanes (por el que planeaban atacar rápidamente Francia con el fin de responder con el mayor número de efectivos a un posterior ataque oriental), ni las ofensivas entabladas por las tropas francesas y rusas consiguieron avances significativos que pudieran inclinar la balanza de la guerra hacia un lado u otro. El fracaso de esos primeros ataques derivó en una conflagración de carácter estrictamente defensivo que no cambiaría su signo hasta que en 1917 Rusia se rindiera y los Estados Unidos decidieran entrar en la guerra del lado de las potencias de la Entente.

Pese a las circunstancias, las cartas que Freud escribirá a sus amigos y discípulos durante estos años bélicos girarán principalmente

124

en torno a su labor psicoanalítica. De hecho, la misma misiva en la que Freud anunciaba su patriótica primera reacción ante la guerra ya dejaba entrever la auténtica preocupación del profesor: la pervivencia del psicoanálisis. Escapan a esta generalización las líneas que Freud dedica a las penurias familiares ocasionadas por la guerra; de ellas merecen especial atención los preocupados comentarios que dedica a la suerte de sus hijos Martin, Oli y Ernst, alistados en el ejército de las potencias centrales. Martin Freud, que se había presentado como voluntario poco después de que se iniciara la guerra, causó más preocupaciones que sus hermanos, ya que, además de estar en el frente mucho más tiempo que ellos, tuvo que sufrir el desagradable episodio de ser internado, en 1918, en un campo de prisioneros. Pese a todo, tuvo la suerte de salir ileso de la confrontación. Freud también dedicaría algunas líneas a la situación de su hija Anna: la menor de las hijas de Freud había partido a Hamburgo el 7 de julio (lo cual demuestra que Freud y su familia nunca esperaron que ese suceso llevaría al Imperio austrohúngaro a una guerra) y, desde allí, once días después, se había dirigido a la capital inglesa, donde había quedado atrapada tras el estallido de la conflagración mundial. No regresaría a Viena hasta el 26 de agosto.

Freud intentó escapar del triste entorno que le rodeaba tratando temas que no estuvieran directamente relacionados con la confrontación bélica. Aunque al principio se entretuvo ordenando sus libros y su cada vez más numerosa colección de antigüedades, pronto decidió ocupar sus pensamientos centrándose en el trabajo. Durante estos años intentaría desarrollar una pretenciosa obra, *Metapsicología*, con la que buscaba hallar una vía que permitiera desterrar las problemáticas fundamentales de la filosofía. El interesante proyecto nunca llegó a completarse: su autor destruyó siete de los doce ensayos que contenía. Ernest Jones, refiriéndose al «final de una época», afirmó que la destrucción de estos textos se explicaba porque en aquellos momentos Freud estaba desarrollando unas novedosas teorías (desplegadas poco después en libros como *Más allá del principio del placer* o *El yo y el ello*) que posiblemente estarían en contradicción con buena parte de lo que el profesor había expuesto en esos ensayos.

125

Mientras Freud informaba a sus alumnos de la evolución que iba sufriendo la redacción de su *Metapsicología*, los discípulos intentaban enviar a su maestro los textos que contenían las investigaciones que estaban desarrollando en aquellos momentos. No era tarea fácil: casi todos ellos habían tenido que dejar en un segundo plano sus labores psicoanalíticas para poder atender a los heridos de la guerra. También legos como Rank o Sachs habían sido llamados a filas. Freud sentía que su recién levantado edificio del psicoanálisis estaba sufriendo en aquellos momentos una serie de golpes inciertos que ponían en peligro todos los avances que hasta entonces se habían conseguido. Es más, creía que el hecho de que el psicoanálisis fuera un invento vienés levantaría el recelo de los aliados contra las teorías psicoanalíticas en el caso de que éstos ganasen la guerra.

El curso de la guerra mantuvo ese descorazonador equilibrio hasta que, en 1917, dos acontecimientos permitieron que ambos bandos atisbaran una posibilidad de victoria. En Rusia, tras la Revolución de Octubre de 1917, el Gobierno bolchevique de Lenin, presionado por las revueltas internas, negoció un armisticio con las potencias centrales que desembocó en la paz de Brest-Litovsk. Por otra parte, los Estados Unidos, después del hundimiento del barco *Vigilantia* y del descubrimiento de un posible pacto entre Alemania y México, decidieron entrar en la guerra como «asociados» del bloque de la Entente. Con el bloque oriental pacificado la última posibilidad alemana era atacar el frente occidental antes de que las tropas norteamericanas desembarcaran en Europa; plan frustrado por la implacable resistencia francesa, que detuvo los desesperados ataques de las tropas germanas. Agotada y debilitada, en medio del descontento interno, Alemania se derrumbó. El 9 de noviembre de 1918 estalló una revolución en Berlín que culminó con la abdicación de Guillermo II y la proclamación de la República de Weimar. El 11 de noviembre Erzberger firmaba el armisticio que devolvería la paz a Alemania. Su aliada, Austria, ya había firmado la rendición la semana anterior.

Los vencidos habían pedido una paz estipulada según el programa de Catorce Puntos del presidente norteamericano Woodrow Wilson; sin embargo, la política de revancha del francés

Clemenceau, que sólo buscaba que Alemania pagara por los atropellos que había realizado sobre su país, impidió la concesión de tales promesas. Los Catorce Puntos eran una muestra de la buena voluntad democrática e idealista del presidente norteamericano, pero también de su desconocimiento de las políticas europeas: al final, sólo unos pocos puntos de los catorce originales fueron respetados.

La paz de París se consolidó en los cinco tratados que cada uno de los vencidos tuvo que firmar con las potencias de la Entente. El 28 de junio de 1919, con la sala de los espejos del Palacio de Versalles como telón de fondo, se firmó la paz con Alemania. Amparadas por el artículo 231 del Tratado (por el cual se consideraba que Alemania y Austria, junto a sus aliados, eran los únicos culpables de la conflagración), las potencias ganadoras obligaron a los germanos a pagar costosas reparaciones de guerra y a aceptar humillantes acuerdos territoriales. Poco después, en el mes de septiembre, se firmaba en Francia el Tratado de Saint Germain, por el que Austria reconocía las nacionalidades de Checoslovaquia y Hungría, perdía Serbia, Croacia, Bosnia-Herzegovina y Eslovenia (territorios que pronto se unirían para conformar Yugoslavia), entregaba Galitzia a la nueva Polonia y cedía una serie de territorios a Rumanía y a Italia (entre ellos, Trieste). Tras el Tratado, Austria se convirtió en un pequeño territorio de tan sólo 80.000 kilómetros cuadrados.

La guerra supuso un punto de inflexión para la historia de Europa. Terminado el conflicto, el historiador británico G.M. Trevelyan escribiría: «Contemplando atolondrados las ruinas del mundo que una vez conocimos, no estamos ahora en mejor situación que una banda de criaturas prehistóricas que hubiera sobrevivido al diluvio de fuego. Nuestra confianza en lo permanente ha desaparecido para siempre». A partir de 1918, apenas quedarán resquicios de la vieja Europa decimonónica.

La frase con la que Freud se refiere en una de sus cartas al desmembramiento de los territorios de los Habsburgo no puede ser más representativa de la desilusión que sentía ante el viejo Imperio: «El destino de Austria o de Alemania no ha de arrancarme una sola lágrima». Tras el efímero brillo patriótico que le había asaltado con la declaración de guerra, sólo le quedaba a Freud la decepción: «Los Habsburgo no han dejado tras de sí más que un montón de mierda». Este cambio de pensamiento respecto a la guerra ya lo había manifestado en 1915 en un interesante ensayo titulado *Consideraciones de actualidad sobre la guerra y la muerte*:

> *Arrastrados por el torbellino de esta época de guerra, sólo unilateralmente informados, a distancia insuficiente de las grandes transformaciones que se han cumplido ya o empiezan a cumplirse y sin atisbo alguno del futuro que se está estructurando, andamos descaminados en la significación que atribuimos a las impresiones que nos agobian y en la valoración de los juicios que formamos. Quiere parecernos como si jamás acontecimiento alguno hubiera destruido tantos preciados bienes comunes a la humanidad, trastornado tantas inteligencias, entre las más claras, y rebajado tan fundamentalmente las cosas más elevadas. ¡Hasta la ciencia misma ha perdido su imparcialidad desapasionada! Sus servidores, profundamente irritados, procuran extraer de ella armas con que contribuir a combatir al enemigo. (...) Entre los factores responsables de la miseria anímica que aqueja a los no combatientes, y cuya superación les plantea tan arduos problemas, quisiéramos hacer resaltar dos, a los que dedicaremos el presente ensayo: la decepción que esta guerra ha provocado y el cambio de actitud espiritual ante la muerte al que —como todas las guerras— nos ha forzado. (...) La guerra, en la que no queríamos creer, estalló y trajo consigo una terrible decepción. No es tan sólo más sangrienta y más mortífera que ninguna de las pasadas, a causa del perfeccionamiento de las armas de ataque y defensa, sino también tan cruel, tan enconada y tan sin cuartel, por lo menos, como cualquiera de ellas. Infringe todas las limitaciones a las que los pueblos se obligaron en tiempos de paz (el llamado Derecho Internacional) y no reconoce ni los privilegios*

del herido y del médico, ni la diferencia entre los núcleos
combatientes y pacíficos de la población, ni la propiedad
privada. Derriba, con ciega cólera, cuanto le sale al
paso, como si después de ella no hubiera ya de existir
futuro alguno ni paz entre los hombres. Desgarra todos
los lazos de solidaridad entre los pueblos combatientes y
amenaza con dejar tras de sí un encono que hará impo-
sible, durante mucho tiempo, su reanudación. (...) Por
qué las colectivas individualidades, las naciones, se des-
precian, se odian y se aborrecen unas a otras, incluso
también en tiempos de paz, es, desde luego, enigmático.
Por lo menos, para mí. En este caso sucede precisamente
como si todas las conquistas morales de los individuos se
perdieran al diluirse en una mayoría de los hombres o
incluso tan sólo en unos cuantos millones, y sólo perdu-
rasen las actitudes anímicas más primitivas, las más
antiguas y más rudas.

También cabe destacarse un comentario que Freud expuso a
Ferenczi muy ilustrativo de su obtuso y ferviente utilitarismo:
«Nuestro psicoanálisis tampoco ha tenido buena suerte. En el
momento en que comenzó a interesar al mundo a causa de las neurosis de guerra, la guerra termina, y cuando por primera vez nos
encontramos con una fuente de riqueza, ésta se agota a nuestra
vista». Tras una contienda de millones de muertos, Freud seguía
viendo los acontecimientos bajo una única perspectiva: la propia.

La guerra dejó a Austria hundida en una terrible crisis plena de
hambrunas y miserias. Ni el mercado negro ni las donaciones de
otros países consiguieron satisfacer las urgentes necesidades de los
habitantes austriacos, que observaban sin poder hacer nada cómo
el valor de su dinero descendía vertiginosamente a causa de la problemática económica. La devaluación de la moneda y la falta de
nuevos ingresos obligaron a muchos de ellos a agotar los ahorros
de toda su vida. Freud perdió las 150.000 coronas que había
invertido en bonos del Estado: es decir, absolutamente todo el
dinero del que disponía. A causa de esta coyuntura, el profesor
tomó la decisión de visitar únicamente a pacientes que le pudieran

pagar con una moneda fuerte, como la inglesa o la americana, que no se viera sometida al proceso inflacionista.

Entre las victimas de esa posguerra vienesa, donde factores como la insuficiente alimentación o los problemas higiénicos impidieron una fácil recuperación de enfermedades de las que en otras circunstancias hubiera sido más fácil escapar, destacó Sophie, una de las hijas predilectas de Freud, que falleció en 1920 víctima de una neumonía. Sin embargo, ya fuera por el terrible contexto de la época, ya fuera por el carácter del profesor, la reacción del padre ante tan triste hecho fue sorprendentemente fría: «¿Y nosotros? Mi mujer está completamente anonadada. Por mi parte, pienso: *La séance continue*». A Amalie Freud escribiría: «Es la primera entre nuestros hijos a la que sobrevivimos (...) Espero que te tomaras la noticia con calma, pues es absurdo no aceptar la tragedia. Sin embargo, está justificado llorar a una muchacha tan espléndida y vital, y tan feliz con su esposo y sus hijos». Con su amigo Sandor Ferenczi mantendría la misma actitud: «Como ateo confirmado, no puedo acusar a nadie y me doy cuenta de que no existe sitio alguno a donde acudir con mis quejas. "Las invariables y recurrentes horas del deber" y "el caro y encantador hábito de vivir" contribuirán a que todo vuelva a ser como antes. En el fondo de mi ser siento, no obstante, una herida amarga, irreparable y narcisista. Mi mujer y Annerl están profundamente afectadas de un modo más humano». Sin duda, estamos hablando del hombre que encontró las virtudes y el atractivo del *Moisés* de Miguel Ángel en el hecho de que este no expusiera abiertamente su rabia.

El movimiento psicoanalítico, en cambio, experimentó cambios positivos tras la guerra; a partir de la conflagración mundial, que cambió dramáticamente la percepción de la sociedad, las teorías freudianas comenzaron a obtener un reconocimiento impensable en el contexto prebélico. Paradójicamente, esa misma maquinaria bélica que a punto había estado de derrocar la construcción teórica de Freud, alentaba ahora la metodología psicoanalítica.

En 1918, en los últimos días de septiembre, pudo celebrarse, tras un retraso de cuatro años, el V Congreso Psicoanalítico Internacional. Al Hall de la Academia de Ciencias de Hungría, en Budapest, lugar donde se celebró la reunión, acudieron representantes de diversas nacionalidades que se mostraron muy interesados por las teorías que Freud ofrecía sobre las neurosis de guerra. Pocos meses después, en febrero de 1919, se constituía la Sociedad Psicoanalítica Británica; y, en octubre de ese mismo año, Freud era nombrado, por fin, profesor universitario. Esta investidura sólo tendría carácter honorífico, ya que Freud nunca llegaría a impartir clases.

Por otra parte, los apoyos económicos donados por Anton Von Freund, uno de los más fervientes (y poderosos) defensores del psicoanálisis («¡El inspirador más activo y una de las mejores esperanzas de nuestra ciencia!», diría Freud de él en el panegírico que escribió tras su muerte), permitieron que el profesor fundara una editorial exclusivamente dedicada a la difusión de los textos psicoanalíticos. Con esta idea, Freud esperaba poder controlar y supervisar todo el material psicoanalítico que se publicara sin tener que depender de terceros.

El 14 de febrero de 1920 se ponía en marcha el Policlínico de Berlín. Este centro sería durante los años siguientes el más prestigioso de los centros psicoanalíticos europeos. Su inauguración animó el aliento competitivo del grupo de analistas vieneses, que decidieron imitar a los alemanes instaurando un centro de similares características en la capital austriaca. Tal decisión no contó con la aprobación de Freud, ya que el profesor consideraba que el grupo de Viena no estaba suficientemente capacitado para esa labor.

Ese mismo año, en septiembre, se llevo a cabo el VI Congreso Psicoanalítico. El gran número de personas que a él acudieron (más de 110, entre miembros e invitados), demostraba que, por fin, las tesis freudianas estaban empezando a llegar de forma significativa al público europeo.

«Neurosis de guerra»

Como ya se ha dicho, poco se parecía la romántica concepción decimonónica que había encaminado a los soldados a la guerra (la de una lucha de héroes y caballeros valerosos) con la auténtica realidad de la contienda. La guerra de trincheras que se inició después

131

de que ninguno de los dos bloques consiguiera anotarse una victoria que pudiera inclinar la balanza de su lado trajo aparejada una macabra guerra de desgaste que provocó terribles problemáticas psicológicas sobre los soldados.

Los combatientes jamás imaginaron que la conflagración fuera a desarrollarse en medio de tan terribles penurias. Arrojados en insalubres trincheras, sin otro horizonte que el color del cielo, enterrados entre las aguas fétidas, el barro, el hielo y los cuerpos enfermos de sus compañeros, los soldados de la Gran Guerra ya no se sentían, como antes, dueños de su propio destino: ahora se limitaban a seguir el curso de los acontecimientos y a confiar en su suerte.

Ese contexto provocó en los soldados una serie de enfermedades nerviosas que posteriormente fueron englobadas bajo la denominación de «neurosis de guerra». Si bien el soldado ya había sentido esas mismas impresiones en conflagraciones anteriores, las características particulares de la Gran Guerra, unidas al desarrollo que durante aquellos años estaba teniendo el psicoanálisis freudiano, permitieron que éstas pudieran ser observadas bajo nuevas perspectivas por un grupo de médicos que empezaron a establecer comparaciones entre los síntomas de esos soldados y los de los neuróticos tratados por Freud.

Freud también manifestó sus conclusiones sobre los comportamientos de los soldados en la guerra. Pero el profesor dio tanta importancia a sus teorías sexuales y edípicas que llegó a olvidar las implicaciones traumáticas de una confrontación de tales características. No olvidemos que el profesor no estuvo nunca en contacto directo con los soldados, por lo que en realidad se limitó a imaginar las consecuencias que sobre ellos había tenido la contienda. Así, si revisamos las tesis expuestas por Freud sobre este tema, comprobaremos que el profesor se limita a encajar los datos de las «neurosis de guerra» en un modelo que ya ha establecido previamente.

Al término de la guerra se incrementó el número de denuncias relacionadas con el tipo de trato que psiquiatras y oficiales habían dispensado a los soldados afectados por las «neurosis de guerra». Los altos mandos consideraban que esos episodios neuróticos eran manifestaciones de cobardía propias de antipatriotas y traidores, por lo que promovían terribles mecanismos punitivos para obligar a los soldados a volver al frente. Cuando los soldados mostraban patologías sin un origen físico visible, éstos eran sometidos a dolorosos métodos de «curación» basados en la estimulación eléctrica y en el maltrato psicológico. Algunos de ellos murieron fruto de esas torturas, otros, desesperados, se suicidaron para no tener que volver ni al frente ni a esos especiales «hospitales».

En esta serie de crueles prácticas también se vio involucrado el Hospital General de Viena. El 11 de diciembre de 1918 el *Der freie Soldat* publicaba un artículo en el que se acusaba al centro de haber utilizado técnicas de tortura eléctrica para el tratamiento de las «neurosis de guerra». Tal fue el alcance de las protestas de los soldados que se decidió abrir una comisión que investigara si las acusaciones que se habían vertido sobre el hospital tenían base empírica. Wagner-Jauregg, su director, a quien Freud había conocido durante sus años de estudiante en la universidad, se defendió de las imputaciones siguiendo los planteamientos de la psiquiatría clásica, es decir, afirmando rotundamente que todos los casos sobre «neurosis de guerra» eran simples figuraciones que los soldados llevaban a cabo para rehuir el combate. Para debatir si tales argumentos se sostenían o no, la Comisión llamó a diferentes figuras especializadas en el tema. Entre todas destacó Sigmund Freud, que aunque consideró que se habían cometido graves errores en el tratamiento de los enfermos, defendió a Wagner-Jauregg de las inculpaciones que se le habían imputado: «Estoy personalmente convencido de que el profesor Wagner-Jauregg nunca habría permitido que llegara a extremarse de modo tal que se convirtiera en un tratamiento cruel». Ello no impidió que Freud aprovechara la situación para comparar la psiquiatría conservadora de Wagner-Jauregg con su metodología psicoanalítica, asegurando que la segunda habría sido mucho más útil a la hora de tratar las «neurosis de guerra». Por otra parte, cuando Freud indagó en la problemática comentó que, si bien estaba de acuerdo con la idea de que las «neurosis de guerra» eran una figuración perpetrada por los soldados, consideraba que, al no ser esa simulación consciente, no tenían sentido las prácticas que hasta el momento habían utilizado médi-

133

cos y oficiales. Sin embargo, en términos generales, y pese a que Wagner-Jauregg comentara años después que el discurso de Freud le había humillado, las palabras del defensor del psicoanálisis fueron ciertamente favorables para el acusado.

Al final, la comisión declararía inocente a Wagner-Jauregg. Se argumentó que no había pruebas suficientes como para relacionar el suicidio de algunos pacientes con las prácticas que se habían llevado a cabo en el Hospital General de Viena. Siete años más tarde, en 1927, Wagner-Jauregg obtendría el Premio Nobel de Medicina por sus investigaciones en el tratamiento de la parálisis general.

El «gran giro» freudiano

De estos años posbélicos datan tres libros de escasa extensión pero que constituyen el desarrollo final de las teorías psicoanalíticas freudianas: *Más allá del principio de placer*, *Psicología de las masas y análisis del yo* y *El «Yo» y el «Ello»*.

En 1920 Freud publicó un ensayo titulado *Más allá del principio del placer* en el que reordenó algunos preceptos importantes de su sistema teórico (de hecho, la obra impulsó el denominado «gran giro» de los fundamentos del psicoanálisis freudiano). Basándose en argumentos de carácter biológico Freud aseguraba en el texto la existencia de ciertos instintos que llevaban a los seres humanos a buscar un estado previo al orgánico («la total vida instintiva sirve para llevar al ser viviente hacia la muerte») con los que su descubridor explicaba la tendencia a la repetición de traumas y sucesos desagradables que manifestaban los enfermos neuróticos. Advertido de que sería un error basar la existencia humana únicamente en tales impulsos, ya que indiscutiblemente existían instintos que estaban dirigidos a la preservación de la vida (los sexuales y los instintos del yo), Freud construiría en la obra un dualismo pulsional (que orgullosamente mostrará frente el monismo jungiano) en el que opondría las fuerzas de «Eros» (la pulsión de vida) y «Tanatos» (la pulsión de muerte). Las conclusiones expuestas en el libro desagradaron a muchos psicoanalistas de la escuela freudiana, que consideraron que Freud se había dejado llevar por la especulación y la audacia. Sin embargo,

134

y aunque a tales argumentos no les falte razón, ello no evita que *Más allá del principio del placer* sea uno de los textos más fascinantes y atípicos de la bibliografía freudiana.

Como una evolución de las ideas anteriores presentó Freud su texto *Psicología de las masas y análisis del yo* (1921), obra en la que, a partir del estudio de las construcciones teóricas edificadas por el médico y sociólogo Gustave Le Bon, pretendió entrar en el campo de la psicología de la multitud. Freud se preguntaba allí cuál era el mecanismo que mantenía unidos a los diversos segmentos sociales, y tomaba como modelo de estudio dos formaciones que habían jugado un papel básico en la historia del ser humano: la Iglesia y el Ejército. Los argumentos esgrimidos volvían a manifestar una concepción pansexualista de la cohesión grupal, ya que Freud encontró que el elemento de unión de las multitudes no era otro que la pulsión erótica. La libido conseguía mantener la unión social desde una doble dirección: ligaba al individuo tanto con el líder de la comunidad como con los demás componentes del grupo.

El «Yo» y el «Ello», publicado en 1923, supone la consolidación de las tesis anteriores. Pese a que su autor vertiera sobre él impresiones ciertamente negativas ocasionadas por lo especulativo de las tesis que en él aparecían, *El «Yo» y el «Ello»* es uno de los textos freudianos que mayor calado ha tenido sobre la sociedad actual (a fin de cuentas, su autor reconstruía en él la clásica lucha entre la razón y la pasión). Ésta es la obra donde Freud presentó sus hoy sobradamente conocidos conceptos de «yo», «superyo» y «ello» (este último lo tomó de uno de sus discípulos, Georg Groddeck, aunque Freud le dio otra dimensión al relacionarlo con el instinto puro y lo inconsciente). Para explicar cómo actúan estos conceptos, Freud utiliza una efectiva metáfora, en la que el «yo» —el elemento racional— aparece como un jinete que intenta transitar las vías que la sociedad le impone y que busca controlar a su caballo —el «ello», el elemento pasional—, que quiere recorrer libre sus propios caminos. Freud añadía un elemento que consolidaría su famoso esquema tripartito de la mente: el «superyo», que se encargaba de vigilar, juzgar, castigar y premiar por sus acciones al «yo». Ello implicaría que este último elemento se encontraría atrapado por los otros dos, causando así al individuo, indefenso ante la lucha interna, tensiones, contradicciones e inquietudes difícilmente resolubles.

Esta teoría encajaba perfectamente en los postulados teóricos del Complejo de Edipo, ya que Freud consideró el «superyo» como un resquicio adulto de esta atracción infantil: el niño, tras renunciar a sus deseos incestuosos, trataba de imitar a un modelo idealizado de sus padres, que conformaba el sistema moral e intelectual por el que se regiría más adelante su «superyo».

En los tres libros los planteamientos lógicos de Freud son impecables; existe, sin embargo, una tendencia a establecer principios universales con demasiada rapidez (aspecto del que ya advertirá en parte su mismo autor). Pero aunque estas generalizaciones simplifiquen el ámbito real de la mente (no hay un argumento real que valide el que el organismo tienda a lo inanimado, por ejemplo), en su día abrieron nuevas perspectivas para el estudio de los rasgos conductistas del individuo.

XI.   LA LUCHA POR LA VIDA.
LA PRIMERA DISENSIÓN DEL COMITÉ

Freud fumaba de veinte a veinticinco cigarros diarios. Sólo durante su juventud, a consecuencia de sus graves problemas cardiacos (y después de que los médicos le prohibieran el tabaco) fue capaz de renunciar temporalmente, y no sin dificultades, al que él llamaba «el incólume placer de fumar». En una serie de cartas que escribió a Wilhelm Fliess durante esa época se advierte su incapacidad para abandonar definitivamente el hábito: «Desde entonces (hace ahora tres semanas) realmente no he tenido nada caliente entre los labios, que ya puedo ver fumar a los demás sin envidiarlos (...) Te aseguro que las torturas de la abstinencia fueron inesperadamente violentas; pero supongo que eso es muy comprensible» (19-4-1894); «He vuelto a fumar (después de catorce meses de abstinencia) porque sentía la incesante necesidad de hacerlo y porque me conviene tratar bien a ese sujeto psíquico que llevo dentro, pues, de lo contrario, no me trabaja» (12-6-1895); «He vuelto a abandonar por completo el tabaco para no tener nada que reprocharme en vista de mi mal pulso y para librarme de la horrenda lucha contra el deseo después del cuarto o quinto cigarros: prefiero combatirlo ya desde el primero» (16-10-1895); «No he logrado mantener la abstinencia total [del tabaco], pues con mi actual carga de preocupaciones teóricas y prácticas, la exacerbación de la hiperestesia psíquica se tornó insoportable» (8-11-1895). Una vez desaparecidos los problemas de salud, Freud volvió a fumar con la intensidad anterior.

Seguramente fue ese tabaco que tanto placer le procuraba el auténtico causante del cáncer de mandíbula que durante sus últimos años fue mermando su cuerpo hasta convertirlo en un ser dependiente y desvalido. Pero, pese a ello, ni siquiera entonces el profesor fue capaz de dejar su adicción. Tal y como comentaba reiteradamente, fumar le ayudaba a concentrarse y a relajar su mente: «Empecé a fumar a los veinticuatro años; primero cigarrillos, luego, muy pronto, cigarros puros. Fumo aún hoy (a los setenta y dos años y medio) y me repugna la idea de privarme de este placer. (...) Soy fiel a este hábito o vicio, y creo que debo al cigarro un acrecentamiento considerable de mi capacidad de trabajo y un mejor dominio de mí mismo».

El 7 de abril de 1923, después de sentir durante algunos meses fuertes molestias en la mandíbula y en el paladar, Freud acudió a su médico, el doctor Félix Deutsch. El profesor sospechaba que el dolor podía venir de un epitelioma canceroso y quería que un doctor más especializado corroborara ese diagnóstico. Deutsch descubrió durante la inspección un bulto sospechoso que rápidamente asoció con un posible tumor; sin embargo, después de que Freud le comentara que, en el caso de que éste fuera maligno le ayudara «a abandonar este mundo en actitud decente», el doctor, interpretando las palabras como una confesión suicida, decidió mentir a su paciente y decirle que lo que realmente padecía era una leucoplasia benigna que se debía extirpar lo antes posible.

El 20 de ese mismo mes, Freud acudió al hospital para someterse a esa intervención quirúrgica. Convencido de que ésta no iba a presentar complicación alguna, ni siquiera advirtió a su familia del lugar al que se dirigía. Sin embargo, en el transcurso de la operación, Freud sufrió una intensa hemorragia que alarmó enormemente a los doctores del hospital. Cuando Martha y Anna llegaron al centro, sobresaltadas tras recibir una llamada telefónica que las advirtió del paradero de su familiar, encontraron a Freud «sentado en una silla de cocina», semiinconsciente y con las ropas manchadas de sangre. Por la noche, en la cama de su habitación, el profesor sufrió una nueva hemorragia de la que intentó avisar a las enfermeras sin éxito. Afortunadamente, un compañero de habitación advirtió a tiempo a los médicos de que el profesor necesitaba atención urgente. Al día siguiente, ya recuperado, aunque debilitado y cansado, Sigmund Freud regresó a casa. Había sido solamente la primera de las treinta y tres operaciones que iba a sufrir por culpa de su enfermedad.

Félix Deutsch, tras analizar la excrecencia extirpada, comprobó que, tal y como había sospechado, el tumor era cancerígeno. Teniendo aún en la cabeza las palabras que el profesor le había dicho el 7 de abril, tomó la decisión de no informar a su paciente de la cruda verdad. También los miembros del Comité, a los que Deutsch informó del estado del profesor durante la reunión que éstos llevaron a cabo en San Cristóforo, decidieron ocultarle el carácter real de su enfermedad: por mayoría, los discípulos determinaron no avisar al profesor hasta que estuvieran en disposición de ofrecerle garantías de una posible recuperación.

Así, después de que su paciente volviera de unas vacaciones, Deutsch, junto a Hans Pichler, un cirujano de cierto renombre con el que había preparado la cuidadosa operación, reveló a Freud la verdad. El profesor acató las recomendaciones de sus doctores, pero no pudo ocultar su resentimiento por el hecho de que Deutsch, al no querer comunicarle la verdad desde el principio, le hubiera considerado un hombre débil e incapaz de aceptar estoicamente la noticia de su enfermedad.

Esa segunda operación se realizó los días 4 y 12 de octubre. En esas dos intervenciones los doctores tuvieron que extirpar parte de la zona derecha del velo del paladar y de los maxilares inferior y superior, además de las mucosas bocal y lingual. La operación, como comentaría años después Max Schur, «en el plano quirúrgico fue un éxito total», pero, sin embargo, los efectos secundarios que ésta llevó consigo modificaron para siempre el modo de vida que hasta entonces había llevado el profesor. La prótesis que el doctor Pichler tuvo que instalar en la boca de su paciente para separar la cavidad nasal de la bucal, comunicadas tras el proceso de limpieza de los tejidos afectados por el epitelioma, era dolorosa y desesperadamente incómoda. Como ésta no terminaba de encajar bien en la cavidad, Freud se veía obligado a pelear con ella repetidamente para situarla en la posición correcta. Hacia 1928 Freud había probado ya varios modelos de prótesis sin que ninguno consiguiera encajar adecuadamente. Cansado de los negativos resultados, decidió viajar a Berlín para ponerse en manos de un médico del

139

que le habían ofrecido grandes referencias, el profesor Schroeder. Para alivio de Freud, el doctor alemán logró realizar una prótesis mucho más satisfactoria que consiguió aliviar temporalmente sus dolores.

Cuando Jones tuvo oportunidad de ver a Freud por primera vez tras la operación se sorprendió «por el gran cambio físico que se había producido en el profesor», «amén de que había que acostumbrarse a verle mantener la prótesis en su lugar con el pulgar», pero lo que más le impresionó fue «la gran alteración de su voz» que se había producido a raíz de la operación. La prótesis incomodaba su pronunciación, así que Freud, aquel hombre que había levantado la admiración de sus semejantes a través de la palabra, tuvo que esforzarse desde entonces para resultar inteligible.

El profesor también tuvo que acostumbrarse a periódicos chequeos médicos y a recurrentes operaciones de carácter preventivo que le realizó diligentemente el doctor Pichler. También tuvo que acudir regularmente a sesiones de rayos X y radio.

Pese al dolor que le provocó la enfermedad, Freud siguió trabajando con valerosa constancia. Aunque se vio obligado a reducir el número de pacientes que trataba diariamente, continuó perfeccionando su esquema teórico y metodológico; de hecho, pronto demostraría al mundo que creativamente aún estaba en buena forma.

Otto Rank, el primer disidente del Comité

Otto Rank, una de las figuras más sobresalientes del movimiento freudiano, nació en Viena en 1884 en el seno de una familia humilde. Rank vivó una solitaria infancia marcada por la enfermedad y por la inseguridad. Cuando conoció a Freud, sufría algunas manías de naturaleza fóbica: «Tengo aversión al contacto con la gente, me refiero a cualquier clase de contacto físico. Me cuesta lo indecible tenderle la mano a alguien (...) No podría besar a nadie», escribiría en sus autobiográficos *Daybooks*.

Su interés por el mundo de las letras hizo que a sus manos llegaran las primeras obras de Freud. Impresionado con su contenido, decidió entablar contacto con el autor de *La interpretación de los sueños* en 1905 para entregarle una copia de un ensayo *El artista*, que había escrito inspirado por la metodología freudiana. Al profesor le sorprendió tanto el texto que decidió convertir al recién llegado en el secretario de las reuniones psicoanalíticas de los miércoles.

La devoción de Rank por el profesor parecía no tener límites. Podía pasarse el día entero trabajando por la causa psicoanalítica, sin importarle que ello afectara su vida personal. El profesor pagó su extrema lealtad brindándole todo tipo de apoyos (gracias a él, Rank pudo ir a la universidad y doctorarse) y colocándole al lado de sus discípulos más queridos: en 1912 se convirtió en uno de los primeros integrantes del selecto Comité ideado por Jones.

A mediados de los años veinte poco quedaba ya de aquel Rank joven e inseguro que había acudido temeroso al profesor. No sólo había superado gran parte de sus síntomas neuróticos, también los desastres de la Gran Guerra habían fortalecido su espíritu. Ernest Jones aludiría a tal cambio con las siguientes palabras: «El notable cambio que los años de la guerra habían provocado en Rank me produjo un extraordinario asombro. La última vez que lo vi era un joven endeble, tímido y reverente (...) Ahora tenía ante mí a un hombre de rígida apostura, de gesto rudo y aire señorial, y cuyo primer ademán fue el de colocar sobre la mesa un enorme revólver».

Rank pronto iba a seguir la estela de los excelsos disidentes anteriores. En 1923 publicó una obra coescrita con Ferenczi, *Los objetivos del desarrollo del psicoanálisis;* donde ya presentaba algunos planteamientos teóricos que tendían a alejarse de las teorías del profesor. Pese a que el texto levantó algunas protestas entre los discípulos freudianos más ortodoxos, la auténtica obra desencadenante de la tormenta rankiana no fue otra que *El trauma del nacimiento* (1924), mucho más peligrosa que la anterior, en la que su autor pretendió establecer una relación directa entre las sensaciones traumáticas que el individuo experimentaba durante el nacimiento (por culpa de la angustia que se generaba tras el abandono del útero materno) y la posterior aparición de las neurosis. Al situar la etiología neurótica en ese momento, Rank dejaba en segundo plano toda experiencia posterior del individuo; es decir, según esta teoría, el Complejo de Edipo, al ser ulterior al nacimiento, sólo tenía una importancia secundaria.

Sin embargo, los argumentos de *El trauma del nacimiento* estaban construidos bajo las concepciones metodológicas del psicoanálisis clásico, de allí que Freud dudara en pronunciarse en contra de las propuestas de su aventajado alumno. De hecho, los únicos que, al principio, se mostraron contrarios a esta obra fueron Karl Abraham y Ernest Jones, los miembros más ortodoxos del Comité, que intentaron recurrentemente advertir al profesor de los peligros que las tesis expuestas en el texto de Rank tenían para la metodología clásica que hasta el momento todos habían defendido.

Freud, preocupado por ese enfrentamiento interno entre sus discípulos más fieles, decidió arbitrar en la contienda, deseoso de que todos pudieran llegar a un acuerdo teórico. En febrero de 1923 redactaría una conciliadora circular destinada a todos los integrantes del Comité en la que pondría de manifiesto sus opiniones respecto a las obras de Rank y Ferenczi:

> *He oído, no sin extrañeza, de distintas personas que las últimas publicaciones de Ferenczi y Rank, me refiero al trabajo conjunto y al del trauma del nacimiento, han suscitado en Berlín una desagradable agitación. (...) Mi posición respecto de los dos trabajos en cuestión es la siguiente: el trabajo en colaboración lo considero una corrección de mi concepción del papel de la repetición o de la actuación en el análisis. (...) Además, el libro puede ser considerado como una incursión renovadora y revulsiva de nuestros hábitos analíticos actuales. A mi juicio, tiene la falla de no ser completa (...) Este apartamiento de nuestra «técnica clásica», como lo denominó Ferenczi en Viena, encierra ciertamente distintos peligros, pero ello no significa que no se los pueda evitar (...) Tenemos que guardarnos de condenar anticipadamente este intento como herético (...) Personalmente, seguiré practicando el análisis «clásico» (...) Paso ahora al segundo y más interesante libro,* El trauma del nacimiento, *de Rank. No vacilo en decir que considero esta obra muy importante,*

*que me ha dado mucho que pensar y que todavía no tengo
formado mi juicio sobre ella. (...) Hace mucho tiempo que
conocemos y damos importancia a la fantasía uterina,
pero la posición que Rank le da hace que adquiera una
importancia mucho mayor y nos muestra de repente el
trasfondo biológico del Complejo de Edipo. (...) Viene
ahora el punto donde comienzan las dificultades. (...) ¿de
dónde surge la barrera del incesto? (...) [Rank] se niega
a entrar en el campo filogenético y hace de la angustia,
que se opone al incesto, una repetición directa de la
angustia del nacimiento, de manera que la regresión
neurótica en sí misma estaría impedida por la angustia
del nacimiento (...) Me resulta muy difícil decidirme en
este punto.*

Freud demostraba en su circular que tenía miedo de que la
disensión acabara con gran parte de los logros conseguidos por el
psicoanálisis. Como diría en este mensaje desesperado: «Se me va
a dejar en la estacada precisamente ahora cuando yo soy un invá-
lido, con mi capacidad de trabajo disminuida y en un estado de
ánimo que me hace rehuir todo lo que sea una carga (...) todo esto
contribuye a hacer un sombrío final de mi vida».

La buena voluntad de Freud no hizo mella en ninguno de los
dos grupos enfrentados. Durante una reunión que tuvo lugar en
San Cristóforo, en agosto de 1923, Rank intentó expulsar, sin
éxito, a Jones del Comité. Por su parte, Jones y Abraham también
movieron sus piezas para perjudicar a su adversario: un año después, en el Congreso de Salzburgo, conseguirían atraerse a
Ferenczi, el hasta entonces principal aliado de Rank en el Comité.

El profesor acabó dando la razón a Jones y a Abraham. Sobre
todo después de que Rank, durante el exitoso ciclo de conferencias
que realizó durante la primavera de 1924 por los Estados Unidos,
denigrara públicamente la metodología que su maestro había establecido. El profesor, tras enterarse del daño que Rank estaba realizando a su metodología en el país americano, escribiría decepcionado por la actitud de su discípulo a Lou Andreas Salomé:
«Corre de un lado al otro con una terrible mala conciencia, con un

143

rostro sumamente desdichado, aturdido». En agosto de ese mismo año, Freud enviaría una carta a Rank en la que, entre los reproches, aún se adivinaban algunos deseos de reconciliación: «No puedo permanecer indiferente ante las modificaciones sufridas por nuestra amistad (...) Sé que su hallazgo no ha dejado de suscitar el aplauso, más debe usted recordar que hay muy pocas personas capaces de dictar veredicto (...) Aunque contenga muchos errores, no tiene usted por qué avergonzarse de su brillante y sustancial producción (...) Tampoco debe asumir que este trabajo suyo es un obstáculo en nuestra larga e íntima amistad».

Inesperadamente, en diciembre de 1924, Rank se presentó en Viena para pedir perdón a su mentor por su actitud. También redactó una circular en la que se disculpaba ante el Comité y en la que achacaba sus tesis heréticas a una neurosis depresiva que se había desencadenado tras el descubrimiento de la enfermedad del profesor Freud. Asimismo, prometió en la mencionada circular enmendar el daño que había realizado a la metodología freudiana en los Estados Unidos. El arrepentimiento consiguió que el maestro volviera a recibir al hijo pródigo con los brazos abiertos. Sin embargo, los demás miembros del Comité siguieron manifestando su desconfianza hacia él y no olvidaron reprocharle, en sus mensajes de bienvenida, los desmanes que había cometido con ellos.

Ese sorprendente cambio de comportamiento duró poco más de un año. En el mes de abril de 1926, en el transcurso de la última visita que iba a realizar a su viejo maestro, Rank dejó bien claro que su postura psicoanalítica volvía a ser irreconciliable con la metodología freudiana. La separación era inevitable.

La historiografía afín a Freud volvería a ser partidista a la hora de tratar a Otto Rank. Se le presentó como un hombre inestable con tendencias depresivas cuyas teorías no tenían validez alguna. Sólo se le valoraron (era inevitable, por otra parte) los sacrificados servicios que realizó durante su juventud por el movimiento psicoanalítico.

XII. AÑOS DE ENFERMEDAD Y POPULARIDAD (1923-1931)

Freud organizó su vida de acuerdo a un espartano régimen basado en el orden y en la disciplina. Siempre sintió la necesidad de seguir la misma metódica existencia, de ordenar cada movimiento y de cumplir todos sus planes. En sus paseos, seguía siempre los mismos recorridos; en su trabajo, las mismas pautas. Nada parecía perturbar su cíclica rutina diaria.

Se levantaba a las siete de la mañana y se preparaba para recibir adecuadamente a sus primeros pacientes. Tras asearse se vestía con uno de los tres únicos trajes (ninguno elegante, ninguno a la moda) que tenía. Todas las mañanas un barbero acudía a la Bergasse, 19 para mantener su barba en perfecto estado. De ocho a una analizaba a los primeros pacientes del día, y una vez terminada la jornada matutina, se sentaba a la mesa para comer junto a su familia (tras la operación de septiembre de 1923 decidiría comer a solas: el profesor no quería que sus familiares le vieran con su desagradable prótesis). Después, daba un pequeño paseo hasta las cinco por las calles cercanas de Viena. Hasta las nueve atendía a los pacientes de la tarde y, tras cenar en compañía de los suyos, daba otra pequeña vuelta por la ciudad para despejar su mente del ajetreado trabajo del día; unas veces a solas y otras en compañía de su hija Anna o de su cuñada Minna. La noche la pasaba en su despacho. Allí se quedaba, hasta altas horas de la madrugada, contestando el correo recibido y redactando nuevos textos psicoanalíticos.

Los sábados se reunía junto a algunos amigos para jugar su partida semanal de taroc, un juego de cartas típicamente vienés por el que el profesor sentía gran atracción. Los domingos por la mañana iba hasta la casa de su madre. Cada dos martes acudía a la Logia judía B'nai B'rith («hijos de la Alianza»), por la que sentía gran afecto: había sido la primera institución oficial que le había permitido exponer sus ideas en público. En mayo de 1926 agradecía públicamente a sus miembros la confianza que habían depositado en él:

> *Cuando se hicieron públicos mis impopulares hallazgos perdí la mayor parte de las amistades personales que tenía en aquella época. Me sentía casi como un proscrito y era evitado por todos. Este aislamiento me hizo desear unirme a un círculo de hombres excelentes, con elevados ideales, que pudieran aceptarme amistosamente no obstante mi temeridad, y me hablaron de su Logia como el lugar donde podría encontrarlo. El hecho de que sean ustedes judíos no podía sino acentuar mi anhelo (...) Lo que me retenía atado a mi raza no era (he de admitirlo) la fe, ni incluso el orgullo nacional, pues siempre he sido escéptico y me educaron prescindiendo de la religión, pero no sin el respeto debido a las llamadas exigencias «éticas» de la civilización humana. (...) Así me convertí en uno de ustedes, participé en sus intereses humanitarios y nacionales, hice amistades en su círculo y persuadí a los pocos amigos que me quedaban para que ingresaran en su Logia. Después de todo, ni siquiera se planteó la necesidad de convencerles de mis nuevas doctrinas; pero cuando nadie en Europa quería escucharme y no tenía discípulos en Viena, me ofrecieron ustedes amablemente su atención, convirtiéndose en mi primer público.*

Durante la última década de su vida se añadieron a este metódico plan las visitas a la consulta de su médico particular, el doctor Schur, sustituto de Félix Deutsch. Entre 1929 y 1939, Max Schur (Galitzia, 1897) se convirtió en una de las personas más importantes del entorno personal del profesor. Su obra *Sigmund Freud: enfermedad y muerte en su vida y obra* (1972) recoge interesantes datos sobre el historial médico de su excelso paciente, además de algunas anécdotas que ayudan a conocer la personalidad de Freud. Entre ellas destaca el testimonio de su primer encuentro. Ese día, el profesor, con «una mirada penetrante», pidió al doctor que en el momento de su muerte no le dejara sufrir inútilmente y que, de ser necesario, le ayudara a morir: «Tengo mucha capacidad para soportar el dolor y detesto los sedantes, pero confío en que no me hará sufrir sin necesidad». Una década después, en Inglaterra, ya muy enfermo, le recordaría esta promesa.

Durante estos últimos años también jugaron un papel importante en la vida de Freud dos mujeres muy diferentes entre sí: su hija Anna y la princesa Marie Bonaparte. Anna, la hija no deseada de Martha, se sintió apartada del cariño de sus padres durante su infancia y adolescencia. Pero de adulta se convirtió en una psicoanalista capaz, fidelísima, que dedicó su vida a defender el conjunto de teorías que su padre había construido. Resulta irónico que fuera ella quien se convirtiera, no sólo en una sacrificada y voluntariosa enfermera para el profesor (desde 1923 ya no se separaría de él), sino también en el auténtico sucesor que durante tantos años había estado buscando Sigmund Freud. Louis Breger considera que su triste infancia influyó considerablemente en la actitud adulta de Anna, e incluso relaciona la devoción extrema con la que cuidó a su padre con sus deseos de recuperar el afecto del que careció durante su juventud.

La princesa Marie Bonaparte, tataranieta de Lucien Bonaparte y esposa del príncipe Jorge de Grecia, también jugó un papel protagonista en los últimos años de vida de Freud. En 1925 acudió al profesor intentando hallar una explicación a la insatisfacción sexual e intelectual que la perseguía. Le desesperaba el entorno aséptico y superficial de la vida de palacio, en el que no encontraba a nadie con quien satisfacer sus inquietudes eruditas. Aunque las sesiones con Freud no consiguieron suplir las inquietudes emocionales, sí que sirvieron para que Marie encontrara un campo en el que saciar su sed intelectual: el psicoanálisis. Fue tal la persistencia con la que a partir de esos momentos defendió al profesor que acabó convirtiéndose en la principal difusora de las doctrinas freudianas en su país, Francia.

La muerte se convirtió en la compañera de teorías de Freud durante sus últimos veinte años de existencia. Eros y Thanatos se

147

enlazaron desde entonces en su pensamiento con una frialdad tan analítica que en ocasiones daba la sensación de que el profesor era inmune a todo dolor: «He elegido ahora como alimento el tema de la muerte», escribiría en 1919 a Lou Andreas Salomé. Un año más tarde publicaba la primera obra que demostraba ese giro de planteamientos, *Más allá del principio del placer*.

Las importantes pérdidas que el profesor sufrió durante esta década alentaron sin duda esta obsesión. En 1922 la noticia de que Caecilie Graf, sobrina de Freud, se había suicidado, conmocionó a todo la familia. Un año después, falleció el pequeño Heinz, el hijo de Sophie, de tan sólo cuatro años de edad. El profesor adoraba a ese nieto. Su muerte le afectó como ninguna otra; él, que siempre evitaba sus sentimientos, no pudo ocultar su desaliento ante sus discípulos y amigos. Llegó a confesar que la desaparición de su nieto le había causado la única depresión real que había sufrido en su vida. («Encuentro esta pérdida muy difícil de soportar —escribiría a Katá y Lajos Levi—. No creo haber experimentado jamás una pena tan grande. Quizá mi propia enfermedad contribuya al disgusto. Trabajo por pura necesidad, pues, fundamentalmente, todo ha perdido su significado para mí.»)

En junio de 1925 murió Josef Breuer, su generoso benefactor. Al año siguiente, la noticia de la muerte de su discípulo Karl Abraham dejó a Freud totalmente consternado: «La muerte de Abraham —escribiría a Jones— es tal vez la mayor pérdida que podía sucedernos, y ha sucedido (...) Debemos continuar trabajando y mantenernos unidos. Como ser humano, nadie puede reemplazar esta pérdida». En 1928 fallecía Wilhelm Fliess, el hombre que durante un tiempo había sido su igual, su modelo, su espejo. No tenemos testimonios de su reacción, pero no resulta difícil imaginar que la muerte del viejo amigo, compañero de generación, debió de afectarle significativamente. El profesor aprovechó la nota de condolencia que remitió a la viuda para pedirle que le devolviera las cartas que había enviado a su esposo durante su juventud, ya que le horrorizaba la posibilidad de que éstas pudieran caer en otras manos. Sin embargo, la viuda le respondió diciendo que no las había encontrado. El azar hizo que Marie Bonaparte las hallara en la tienda de un viejo librero de

Berlín llamado Stahl. Cuando Marie comunicó la noticia a Freud, éste le pidió que las destruyera: «No quiero que ninguna de ellas llegue a ser conocida por la llamada posteridad». Afortunadamente, la princesa, tras considerar que esas cartas tenían un valor científico inestimable, decidió no satisfacer el deseo del profesor.

Sin duda la pérdida más importante fue la de su anciana madre, Amalia Nathanson, que murió el 12 de septiembre de 1930 a los noventa y cinco años de edad. En el pasado había temido este suceso hasta la obsesión, e incluso había relacionado gran parte de sus fobias con el temor que provocaba en él la idea de que su madre pudiera sobrevivirle. El profesor reaccionó con sorprendente sentido práctico ante el suceso: «Nada me dice lo que esta experiencia puede provocar en las capas más profundas —comentaría a Ernest Jones—, pero en la superficie sólo siento dos cosas: la mayor libertad personal que he adquirido, puesto que siempre detesté la idea de que ella llegara a saber de mi muerte y, en segundo lugar, la satisfacción de que disfrute finalmente de la liberación a la que le dio derecho una vida tan larga». En la carta que entonces mandó a Ferenczi se advierte la misma actitud: «Me ha afectado de modo peculiar. No siento dolor ni pena, lo que probablemente puede explicarse por las circunstancias especiales que concurrían en el caso, como, por ejemplo, su avanzada edad, la pena que me inspiraba su postración final y al mismo tiempo un sentimiento de veneración que me parece también comprender. No me sentía libre para morir mientras ella viviera, y ahora sí».

Fama y popularidad

El profesor continuó desarrollando los planteamientos metodológicos del psicoanálisis hasta el final de los días, sin arrepentimiento alguno por cruzar algunos de los territorios sagrados e intocables de la sociedad de su tiempo. Estaba convencido de que sólo un descubrimiento que dejara una huella indeleble sobre sus contemporáneos y descendientes podría saciar su ansia de inmortalidad. Refiriéndose a este deseo recurrente el profesor británico Hans J. Eysenck comentaría: «[Freud] fue, en efecto, un genio, pero no de la ciencia, sino de la propaganda; no de la prueba rigurosa, sino del arte de persuadir; no del esquema de experimentos, sino del arte literario». Tal vez el enjuiciamiento sea un tanto extremo, pero a Eysenck no le faltan motivos para tal afirmación. No debe olvidarse que Freud utilizó mecanismos mucho más directos que la autoconstrucción mítica de su biografía para silenciar las teorías que a él no le interesaban. Con la editorial Internationaler Psychoanalytischer Verlag pretendió dar facilidades a los psicoanalistas que deseaban publicar sus obras; pero también procuró imponer con ella sus ideas al *establishment* psicoanalítico, censurando todo argumento que contradijera los principios de su incuestionable construcción teórica y metodológica.

Pese a ofrecer una sensación de fortaleza al exterior, la Verlag era un coloso de pies de barro. Algunos de sus autores, el mismo Freud entre ellos, tuvieron que renunciar a sus derechos para solventar los continuados problemas económicos que la editorial padecía. Muchos de ellos incluso llegaron a colaborar en los gastos de impresión de sus propios libros. En los peores momentos de crisis sólo las generosas donaciones de simpatizantes del psicoanálisis consiguieron mantener a flote a la editorial.

Sigmund Freud sólo buscaba con estas acciones el reconocimiento oficial de la comunidad científica. No le interesaba la popularidad ni la fama fácil y efímera. Como diría en una carta a Samuel Freud en 1920: «La popularidad (...), en el mejor de los casos, hay que considerarla un peligro para logros más serios». Cuando la cada vez más importante industria del cine intentó contactar con él para que supervisara una película en la que se pensaban utilizar argumentos de índole psicoanalítica, Freud rechazó obstinadamente la oferta. Ni siquiera el poderoso Samuel Goldwyn pudo convencerle. Freud temía que esa producción ocasionara una vulgarización de sus doctrinas, ya que no creía que argumentos tan abstractos como los suyos pudieran ajustarse con corrección a la casuística del lenguaje cinematográfico. Las productoras, tras el rechazo de Freud, decidieron contactar con otros personajes de su entorno, y así, bajo la batuta de Karl Abraham, se dirigió para la UFA Film Company la primera película psicoanalítica, *Misterios de un alma*. El resultado final desagradó enormemente al profesor. Con el film sucedió exactamente aquello que había temido: «Los periódicos ingleses —comenta Jones— manifestaron que Freud, habiendo fracasado en sus intento de lograr apoyo para sus teorías en los círculos profesionales, había descendido, en su desesperación, al recurso teatral de hacer la propaganda de sus ideas entre el populacho».

La inclusión del psicoanálisis en el cine iba a ser inevitable. A medida que las teorías del profesor fueron extendiéndose en el pensamiento de la sociedad, fueron apareciendo en las películas variopintos personajes relacionados con el cosmos freudiano: psiquiatras que interpretaban los sueños de los protagonistas, criminales marcados por una infancia capaz de explicar su comportamiento presente o, entre otros, psicoanalistas que utilizaban los planteamientos freudianos para explicar las conductas de los personajes. Incluso la vida del mismo Freud fue llevada, en 1962, a la gran pantalla, a través de una inquietante película en blanco y negro protagonizada por Montgomery Clift y dirigida por John Huston.

Como ya se ha visto, Freud no tenía gran interés en que el público le conociera. Sólo pugnaba para que la comunidad científica validara sus teorías. Esperó, año tras año, que se le concediera el Premio Nobel pero nunca consiguió esa prestigiosa recompensa, tal y como anotaría con amargura en algunas de sus cartas. Sí que recibió otros galardones de menor prestigio. Entre ellos destacan el Premio Goethe, que recibió en 1930 con gran placer y alegría, y el homenaje (aunque éste le complació más por su carácter sentimental que por el prestigio que pudo acarrearle) que el 28 de octubre del año siguiente su pequeña ciudad natal, Freiberg, le dedicó. Ese día las calles se engalanaron para recibir la llegada de Anna Freud, que acudió en representación del profesor (demasiado enfermo como para trasladarse hasta allí) acompañada de su tío Alexander y de su hermano Martin, además de por Max Eitingon y Paul Federn, para descubrir la placa conmemorativa que el Consejo Municipal de la ciudad había acordado colocar en la casa donde el profesor había nacido. En la ceremonia de homenaje Anna leyó una nota de agradecimiento escrita por su padre que contenía un idílico recuerdo infantil: «En mi interior, aunque oscurecido por otras muchas cosas, continúa viviendo el niño feliz de

151

Freiberg, el primogénito de una madre joven, el chiquillo que recibió de aquel sueño y aquel aire sus primeras impresiones indelebles».

Sin duda este homenaje reportó más placer al profesor que el que sus seguidores organizaron el seis de mayo de 1931 con motivo de su setenta y cinco cumpleaños. Ese día las flores y los telegramas de las más excelsas personalidades inundaron los pasillos de la Bergasse, 19; sin embargo, el homenajeado, pese a sentir sin duda alegría tras comprobar que el psicoanálisis por fin estaba conquistando su lugar en el mundo, decidió encerrarse en su residencia para no tener que someterse a las incomodidades del protocolo. Ese día estaba muy cansado. Acababa de regresar a casa después de pasar dos semanas de convalecencia en un sanatorio al que había tenido que acudir después de sufrir una pequeña recaída postoperatoria. Sólo Sandor Ferenczi, uno de sus más íntimos amigos, fue recibido por el profesor

¿Pueden los legos ejercer el psicoanálisis?

Freud siempre deseó que el psicoanálisis alcanzara al mayor número de ámbitos académicos, ya que ello podría asegurar la pervivencia de su metodología. Algunas disciplinas de las ciencias sociales, que en aquellos momentos buscaban un cuerpo teórico que diera prestigio y cientificismo a su metodología, hicieron uso del atractivo utillaje teórico y metodológico que el psicoanálisis les brindaba. Además, el profesor también quería que hombres de las más diversas procedencias, no sólo médicos, practicaran el psicoanálisis. Su obra *¿Pueden los legos ejercer el psicoanálisis?* (1926) es un canto a favor de tales analistas. De hecho, la única condición previa que ponía para que estos ejercieran tal labor era que un reconocimiento médico previo asegurara que la sintomatología del paciente a tratar no tuviera un origen fisiológico. Amparadas por este planteamiento, figuras tan básicas para el movimiento como Lou Andreas-Salomé, Otto Rank, Oskar Pfister, Hans Sachs, Marie Bonaparte o Anna Freud se convirtieron en psicoanalistas.

Sin embargo, esta actitud permisiva provocó que la metodología freudiana se pusiera de moda entre individuos inadecuadamente preparados que se autoproclamaron psicoanalistas y que comenzaron a aplicar peligrosos diagnósticos a sus pacientes. La proliferación de tales prácticas levantó la alarma de la Sociedad Psicoanalítica de Nueva York, que pronto decidió prohibir tal tipo de prácticas entre analistas legos. La decisión levantaría las enérgicas (aunque poco efectivas) protestas de Freud.

El porvenir de una ilusión y El malestar en la civilización

Freud aún pudo demostrar durante estos años de decadencia que mantenía intacta su capacidad a la hora de redactar textos. Durante la segunda mitad de la década de 1920 ofreció al mundo dos de sus obras más maduras, *El porvenir de una ilusión* y *El malestar en la civilización*.

Aunque los planteamientos de *El porvenir de una ilusión* (1927) no resulten tan novedosos como los de algunas de sus obras anteriores, ya que el objetivo del texto (descubrir la función que desempeña la religión en la sociedad) ya lo habían acometido anteriormente filósofos como Marx o sociólogos como Durkheim, Freud tuvo el acierto de revestir tales interpretaciones con su metodología psicoanalítica. En esta obra, como reza su título, Freud considera que la religión es una farsa que nace de la necesidad de protección que el individuo siente ante la naturaleza; así, al igual que el niño se refugia en sus padres para defenderse de sus temores, el adulto se protege del mundo con sus creencias en lo sobrenatural. Pero, según el profesor, la religión sólo ofrecerá al hombre un falso amparo; esto es, una «ilusión», un engaño que deja a los hombres atrapados entre los ritos supersticiosos, sin posibilitar su auténtico progreso. Freud habla al terminar su obra de la necesidad de una vía alternativa basada en la razón que permita cubrir las necesidades de protección de los seres humanos.

En *El malestar en la cultura* (1929), obra que sigue la estela de la anterior, Freud considera que la civilización es el resultado de un contrato social primigenio por el cual la humanidad habría renunciado a gran parte de sus libertades para poder protegerse de los peligros de la naturaleza. Partiendo de estos planteamientos Freud defiende que el Estado utilice sus mecanismos de coerción para salvaguardar la civilización, ya que considera que ésa es la única vía que éste tiene de garantizar la supervivencia de sus integrantes. Al igual que en la obra anterior, Freud reviste con su metodología psicoanalítica estas hobbesianas premisas, llegando a la conclusión de que aunque el ser humano no manifieste sus instintos primarios, éstos permanecen en su interior pugnando por hallar la vía de escape al exterior. Sin embargo, el individuo debe reprimir tales instintos si quiere no ser castigado por los mecanismos coercitivos de la sociedad. Esta circunstancia provoca en los seres humanos, además de una enorme frustración por no poder satisfacer esos impulsos, un acusado sentimiento de culpabilidad que nace del hecho de sentir instintos que están prohibidos por las reglas morales de su sociedad. Ésta será la contradicción básica que Freud expondrá en *El malestar en la cultura*: la civilización permite la vida, pero también despoja al hombre de la vía que le hubiera permitido alcanzar la felicidad.

Sandor Ferenczi, el último disidente

Sandor Ferenczi, el último de los grandes disidentes del círculo de psicoanalistas próximos al profesor, nació en Miskolc (Hungría) en 1873 en el seno de una culta familia judía que le inculcó su gusto por la lectura, la música y la cultura. Freud y Ferenczi fueron grandes amigos durante casi veinticinco años, compartieron muchas veces sus viajes vacacionales y trabajaron juntos para que el psicoanálisis alcanzara la mayor relevancia posible en Europa. Sin embargo, bajo esta amistad subyacía una relación mucho más compleja y contradictoria propiciada por la actitud que Ferenczi mostraba ante el profesor. Algunos autores explican los complejos sentimientos que sentía por Freud como una necesidad de independencia que se veía imposibilitada y frustrada por la indiscutible devoción que profesaba hacia su maestro. Como psicoanalista, Ferenczi fue un hombre brillante y audaz que dedicó todos sus esfuerzos a consolidar la escuela psicoanalítica en su Hungría natal. Incluso tuvo la oportunidad de impartir las

154

enseñanzas freudianas en la universidad durante el breve gobierno de Bela Kun.

Una vez más, al igual que con Jung y Rank, la compleja relación de amistad de los dos hombres se vino abajo en el momento en el que el discípulo comenzó a ser crítico con las teorías de su maestro. Ferenczi desarrolló una peculiar metodología psicoanalítica con la que reconsideró la postura que el analista debía tomar con el analizando. Si Freud había expuesto en sus obras la palmaria necesidad de que entre los dos se estableciera una relación fría y distante que no perturbara las confesiones del paciente, Ferenczi, en cambio, buscando una empatía especial que consideraba básica para la cura, pretendía atravesar todas las barreras afectivas para que el paciente encontrara en el afecto del doctor un asidero en el que sostener sus miedos. Ferenczi proponía incluso un «análisis mutuo» entre analizando y analista, e incluso llegaba a permitir —y sugerir— el contacto físico entre los dos.

Cuando Freud se enteró de la metodología que su amigo Ferenczi estaba aplicando, gracias a una psiquiatra estadounidense llamada Clara Thompson que le comentó que el doctor Ferenczi besaba a las pacientes durante las consultas, el profesor escribió una carta a su discípulo en la que le advirtió de las nefastas consecuencias que esa práctica podría acarrear al psicoanálisis: «¿Por qué conformarse con un beso? (...) Habrá otros, más atrevidos, que mirarán y enseñarán hasta llegar a toda suerte de caricias y promiscuidades». Pero este sería sólo el principio; cuando el 30 de agosto de 1932 Ferenczi se dirigió a la casa del profesor para leerle el borrador de su obra *Confusión of Tongues*, que recogía el conjunto de teorías que había estado desarrollando durante los últimos meses, Freud se sorprendió al escuchar las hipótesis sobre etiología neurótica que defendía su viejo alumno y amigo. Poco después escribiría a su hija Anna: «Ha vuelto por completo a concepciones etiológicas en las que yo creía, y a las que renuncié, hace 35 años: que la causa regular de las neurosis reside en traumas sexuales de la infancia». Sin embargo, esta revisión que pretendió llevar a cabo Ferenczi no era tan negativa como quiso hacer notar su maestro. Recordemos que cuando Freud, en plena fase de autoanálisis, decidió negar la validez de los relatos de seducción sexual que le narraban sus pacientes, cometió el error de no considerar que algunos individuos sí podían haber desarrollado sus neurosis por cuestiones de esa índole.

Ferenczi tenía una concepción idealista del hombre muy distante de la fría visión freudiana. El discípulo consideraba que el psicoanálisis ofrecía a la humanidad una oportunidad para que ésta se quitara la cruel máscara con la que cubría su rostro, pero Freud era demasiado pesimista como para creer en los deseos altruistas de su alumno. Ferenczi sólo quería utilizar el psicoanálisis para solucionar los problemas que atenazaban a sus pacientes, pero no encontraba que la metodología freudiana fuera una buena vía para ello. Así lo expondría en su *Diario Clínico*: «Freud ya no ama a sus pacientes (...) su método terapéutico, al igual que su teorías, se halla cada vez más influido por su interés en el orden, el carácter y la sustitución de un superyo negativo por otro mejor; se está volviendo pedagógico». Decepcionado por la respuesta del maestro a sus teorías añadiría la siguiente frase: «[Freud] utilizaba la entusiasta docilidad de su ciego pupilo para estimular su autoestima (...) Él no quiere a nadie, sólo a sí mismo y a su trabajo, y no permite que nadie sea original».

A finales de 1932 Ferenczi contrajo una grave «anemia perniciosa» que fue debilitándole paulatinamente sin que los médicos pudieran hacer nada por él. Murió el 24 de mayo de 1933, apartado del cariño del profesor y terriblemente entristecido por la actitud que éste había tomado con él. Michael Balint, un conocido de Ferenczi, comentaría posteriormente que no debía desestimarse la posibilidad de que la enfermedad de su amigo se hubiera originado realmente a causa del desdén que Freud había manifestado hacia él. Jones, por su parte, en la biografía dedicada a su maestro, llegó a considerar, en una versión totalmente diferente a la de Balint, que la desviación del psicoanálisis freudiano de Ferenczi provenía realmente de las perturbaciones esquizofrénicas que el discípulo de Freud había sufrido por culpa de su enfermedad (Jones llegó a decir que Ferenczi había padecido durante sus últimos días «violentos accesos paranoicos e incluso homicidas»). A raíz de esta versión se vulgarizaron sus teorías, se exageraron los puntos oscuros de su metodología y se cuestionó su valía como psicoanalista.

Cabe mencionar que las fuentes utilizadas para corroborar tales argumentos las tomó Jones, una vez más, de la correspondencia personal del profesor Freud y que, al igual que en otras ocasiones, el biógrafo no contactó con aquellos que tuvieron oportunidad de estar junto a Ferenczi durante sus últimos meses de vida, que posteriormente arguyeron que, aunque débil, el viejo discípulo se había mantenido mentalmente sano hasta el final. Por culpa de esta despectiva campaña iniciada en los años 30, que se acompañó de la censura de algunos de sus textos, la imagen negativa e infantil de Ferenczi persiste aún hoy en día.

XIII. LOS ÚLTIMOS AÑOS.
EL ASCENSO DE HITLER COMO
TELÓN DE FONDO (1931-1939)

La crisis que se inició en los Estados Unidos el 29 de octubre
de 1929 tras el hundimiento de la Bolsa de Nueva York trajo consigo una catástrofe económica mundial de enormes dimensiones
que provocó un cambio profundo en las estructuras sociales, en las
mentalidades y en los propios principios de la economía liberal.
Aunque la crisis sacudió la economía de todos los países (con las
excepciones de Rusia y de Japón), fue en Alemania donde sus
efectos alcanzaron mayor intensidad. Con la retirada de los capi-
tales americanos, básicos para soportar las crudas reparaciones de
guerra impuestas en Versalles, la cada vez más tambaleante
República de Weimar se hundió en una crisis que acabó violentamente con el sistema democrático que tan orgullosamente había
ostentado desde el término de la Gran Guerra. A finales de la
década de 1920 la situación era insostenible para el grueso de la
población. La inflación estaba acabando con los ahorros de los ciudadanos; en las calles, comunistas y nacionalsocialistas se enzar-
zaban en violentos combates; el paro, que en 1932 alcanzaba los
seis millones de desempleados, crecía a ritmo vertiginoso; y ninguna medida parecía capaz de acabar con el hondo pesimismo de
la sociedad alemana. En medio de la confusión y el caos, un partido que hasta entonces había sido minoritario, el NSDAP de Adolf
Hitler, supo hacerse, gracias a su programa nacionalista, antisemita
y crítico con el sistema de gobierno, con el apoyo de las masas y
de las elites terratenientes. Las promesas de una segura recuperación económica, unidas a los temores causados por el ascenso del
KPD (el partido comunista alemán), que facilitaron el apoyo de los

sectores más poderosos y dotados económicamente, permitirían que Hitler ascendiera rápidamente hasta lo más alto del poder. El innegable resurgimiento económico que se produjo tras el nombramiento de Hitler como canciller (el 30 de enero de 1933, gracias al apoyo de un Von Papen demasiado atento a sus motivaciones personales) nacería realmente de la represión, del autoritarismo y de la abolición de las libertades democráticas que hasta entonces había defendido la malograda República de Weimar. La violenta eliminación de los partidos de la oposición (producida con la ciega aquiescencia de las democracias occidentales), la «depuración» en las filas del ejército alemán (caso de la inquietante «noche de los cristales rotos») y la centralización del poder en un único partido, el NSDAP, abrirían a su líder el camino hacia un aberrante totalitarismo que sembraría la semilla del terror sobre Europa.

Los nacionalsocialistas también iniciaron una «depuración» ideológica destinada a acabar con el pensamiento judío e izquierdista del país. A ciertos sectores conservadores les preocupaba la importancia cultural y económica que tenía en Alemania un grupo tan minoritario como el judío; además, existía una corriente de pensamiento de gran calado entre estos grupos conservadores que consideraba que la antaño riqueza cultural alemana estaba siendo atacada por modos de vida, arte y pensamiento totalmente ajenos al espíritu germano.

Aunque el psicoanálisis no podía adscribirse a ningún partido político, estaba sustentado mayoritariamente por médicos de procedencia judía que gozaban de una posición acomodada entre la sociedad germana. Era inevitable, por tanto, que se convirtiera en uno de los objetivos inmediatos de la campaña de saneamiento intelectual en pro del pensamiento ario establecida por el nacionalismo. La tarea desideologizadora, que en ciertos momentos podría parecer hasta utópica, se desarrolló con una preocupante eficacia que demuestra la fuerza con la que un ideario totalitarista podía irrumpir en una sociedad descontenta y acuciada por las necesidades: «Echando una ojeada hacia el pasado —comentaría Ernest Jones— resulta notable comprobar hasta qué punto el conocimiento de Freud y de su obra, en un tiempo tan extendido

160

por toda Alemania, pudo llegar a ser casi completamente barrido del país, de manera tal que veinte años después se hallaba a un nivel más bajo, digamos, que en Brasil o en Japón». El nazismo comenzó su labor reestructurando la Sociedad Alemana de Psicoanálisis según los preceptos ideológicos del nacionalsocialismo. Contaron para ello con un inesperado aliado, un irreconocible Carl Gustav Jung que hasta poco después del estallido de la Segunda Guerra Mundial siguió la estela del programa hitleriano. Durante siete años, el viejo discípulo (pese a que intentó salvar de las garras nazis a cierto número de colegas judíos, Freud entre ellos) se dedicó a redactar textos destinados ensalzar la incuestionable psicología aria frente al «imperfecto» psicoanálisis judío.

El 10 de mayo de 1933, en las plazas de las principales ciudades alemanas, miles de libros de judíos (y de intelectuales que no lo eran, pero que eran considerados enemigos del nacionalsocialismo, como por ejemplo Thomas Mann y Havelock Ellis) fueron arrojados a las llamas. «El momento del intelectualismo judío —diría el ministro de propaganda Joseph Goebbels durante la ceremonia de la quema— ha pasado y la revolución alemana ha abierto nuevamente el camino de la verdadera esencia del ser alemán». En la Opernplatz de Berlín ardieron las obras completas de Sigmund Freud, acusadas de «desmenuzar el alma y dar excesivo énfasis a los instintos sexuales», junto a las de Albert Einstein, Ernst Hemingway, Franz Kafka, Jack London, Karl Marx, Arthur Schnitzler, Emile Zola, H.G. Wells y un sinfín de personajes censurados por el régimen. «Al menos me queman en buena compañía» —comentó Freud tras enterarse de la noticia—. Añadiría un comentario inconscientemente desafortunado, que el tiempo se encargaría de corregirle: «¡Sin duda estamos haciendo progresos! En la Edad Media me habrían quemado a mí; hoy día les basta con quemar mis libros».

Al inicio de la década de los años treinta la población austriaca no estaba en mejor situación que la alemana. Los conflictos violentos y las reyertas entre los manifestantes y las fuerzas de seguridad ya eran anteriores al *crack* del 29, aunque, obviamente, las repercusiones producidas por la crisis recrudecieron aún más la situación. Para responder al descontento generalizado, Austria, al igual que otros tantos países que cambiaron radicalmente su sistema político tras el famoso «martes negro» de Wall Street, emprendió un viraje hacia el fascismo y el autoritarismo que funcionó en detrimento de los sectores menos poderosos de la población. El desorden interno de los partidos austriacos permitió al católico canciller Engelbert Dollfus instaurar un personal régimen dictatorial (algunos autores lo han denominado «austrofascismo») que en su ideología aunaba los discursos de Mussolini (de quien era un ferviente admirador) con las encíclicas del Papa León XIII. Durante su mandato, Dollfus prohibió libertades básicas, reprimió sangrientamente los levantamientos obreros, disolvió la Schutzbund socialista y dirigió una campaña propagandística destinada a repudiar el sistema alemán y a ensalzar el régimen austriaco y el modo de vida germánico.

Pese a que no compartiera muchas de sus medidas represivas, Dollfus no le resultaba antipático a Freud. Apostó por él tras considerar su gobierno como el menos malo de los sistemas que podrían llegar a Austria: «El futuro —comentaría a su hijo Ernst— es incierto: o el fascismo austriaco o la cruz gamada. En este último caso, tendríamos que abandonar el país. En cuanto al fascismo nativo, habremos de aceptarlo hasta cierto punto, ya que no creo que pueda tratarnos tan mal como su primo alemán». En las líneas de esta carta que el profesor dirigió a su hijo poco después de la intentona golpista obrera de febrero de 1934 se observa, pese a cierto escepticismo muy típico en él (y aunque no manifieste abiertamente sus simpatías por ninguno de los dos bandos combatientes), la posición política del profesor: «Ahora, naturalmente, los vencedores se han convertido en héroes y restauradores del sacrosanto orden, y los vencidos, en audaces rebeldes. Si estos últimos hubieran ganado, tampoco hubieran marchado las cosas mucho mejor, pues su victoria hubiera provocado la invasión militar del país. No debemos juzgar al Gobierno con demasiada dureza». Tal actitud viene determinada por la visión freudiana del movimiento obrero. Le aterraba que una posible dictadura del proletariado pudiera llegar a Austria: «Después de todo, la vida bajo la dictadura del proletariado, que era el objetivo de los cabecillas, tampoco habría sido posible». En respuesta a la represión del partido obrero austriaco, comentaría: «Y no podemos echarle la culpa a Dollfus, quien probablemente no será capaz de reprimir a los tontos peligrosos que alberga la *Heimwehr*». Sin embargo, Freud simplificaba el ideario obrero y justificaba las acciones del Gobierno por puro desconocimiento del movimiento. El modo de vida de las clases bajas le resultaba en esos momentos demasiado lejano como para comprender la variedad interna o los motivos de su lucha. Entre los «rebeldes» no sólo había crueles comunistas dispuestos a arrancar a los burgueses de sus lechos para someterlos al más duro de los castigos, tal como Freud creía, también había —de hecho, eran mayoría— socialdemócratas que no participaban de ese ideario radical y que tenían objetivos mucho más plausibles.

Freud, pese a los acontecimientos que sucedían en el mundo, intentaba mantener su espartana rutina diaria. Seguía sometiéndose pacientemente a las operaciones de Pichler y continuaba dedicándose a sus labores psicoanalíticas (aunque el profesor se quejaba de que cada vez acudían menos pacientes a su consulta). En esos momentos se sentía especialmente interesado por su último gran proyecto, un libro dedicado a la figura de Moisés que calificó como su «primera incursión como historiador».

En la década de los años 30 las teorías psicoanalíticas tuvieron gran auge entre los países de habla no germánica. El día del ochenta cumpleaños de Freud, el 6 de mayo de 1936, el escritor Thomas Mann apareció en Bergasse, 19 con un texto de homenaje que incluía la firma de casi doscientos personajes de las ciencias y las letras que querían manifestar sus respetos ante el profesor. Entre ellos figuraban nombres de la talla de Aldous Huxley, Romain Rolland, Jules Romain, H.G. Wells, Virginia Woolf, Stefan Zweig, Salvador Dalí, James Joyce o Pablo Picasso.

Pese a que muchos de sus conocidos y amigos abandonaron Austria durante aquellos años para dirigirse a países que pudieran ofrecerles mayores oportunidades para su carrera, Freud aún confiaba en que el Gobierno pudiera imponerse a las confabulaciones alemanas. El 6 de febrero de 1938, poco antes de que se produjese la *Anschluss*, la unión entre Alemania y Austria, comentaría a su discípulo Max Eitingon: «Nuestro Gobierno, valeroso y decente a su modo, muestra ahora más energía que antes para mantener apartados a los nazis».

En febrero de 1938 Hitler obligó al canciller Kurt Von Schussnigg, sustituto de Dollfus, a legalizar el partido nazi austriaco y a designar como ministro del Interior a su principal dirigente, Seyss-Inquart. Pese a entender que su gobierno tenía los días contados, Schussnigg aún quiso jugar una última y desesperada carta con la que esperaba demostrar al Führer que el pueblo austriaco deseaba mantener su soberanía ante el mando alemán. El 9 de marzo, desafiando al mismísimo Hitler, el canciller austriaco convocó un plebiscito para el domingo 13 de ese mismo mes a favor de una Austria independiente, libre y católica. Sin embargo, dos días antes de su celebración, después de que Hitler obtuviera la confirmación de la no intervención de Mussolini en Austria (el Duce había sido hasta entonces uno de los más valiosos aliados con los que había contado Schussnigg), las tropas alemanas entraron en el país. Después de tantos años de resistencia, al final, el 13 de marzo Seyss-Inquart proclamaba orgulloso la consecución de la tan ansiada *Anschluss*.

Al día siguiente, Hitler hizo su entrada triunfal en Viena. Las campanas de las iglesias de la ciudad repicaron para celebrar su llegada; las banderas con la esvástica ondearon en los balcones; montones de flores fueron arrojadas sobre los Mercedes grises de los altos mandos alemanes. La esperanza de un futuro mejor pareció iluminar los rostros de los vieneses, que corearon ese día las consignas nazis con enérgico frenesí. Estaban convencidos de que Austria, bajo el gobierno de Hitler, alcanzaría al fin la estabilidad y la revitalización económica.

Pero ese 14 de marzo de 1938, Viena, la bella ciudad del Danubio, también desenterró el fantasma del antisemitismo. Movidos por las consignas del Gobierno alemán los austriacos atacaron las casas, comercios y sinagogas judías de la capital. Muchos de los personajes que habían criticado a Hitler fueron sometidos a vejaciones públicas que, en muchos casos, acabaron en ejecuciones públicas que fueron secundadas por los ciudadanos vieneses. Algunos intelectuales, como el escritor Egon Friedell, se suicidaron para huir de la represión nazi.

Paula Fichtl, que entró a trabajar como criada de la familia Freud en 1929, recuerda en su libro de memorias *La vida cotidiana de Sigmund Freud y su familia* cómo el 10 de marzo de 1938 Max Schur, después de enterarse en su consulta de que las tropas nazis habían entrado en Austria, había aparecido en la Bergasse, 19 visiblemente excitado para suplicar al profesor que saliera inmediatamente del país («llevaba todavía la bata blanca debajo del abrigo»). Hasta la fecha, Freud había demostrado cuán obtusa podía ser su altanera cabezonería. «Ya estoy muerto», acostumbraba a responder cuando le decían que figuraba entre los enemigos del nazismo. Al final, después de una feroz resistencia, persuadido de que su familia también podía correr peligro si seguía viviendo en la capital austriaca, decidió seguir los consejos de sus allegados y organizar los preparativos de la marcha.

Sus discípulos y amigos hicieron todo lo posible para que Freud no sufriera directamente la marisma de violencia que se había desatado en Austria. El político americano W.C. Bullit consiguió que el mismísimo Franklin Delano Roosevelt, el presidente de los Estados Unidos, pidiera al encargado de Negocios en Viena que hiciera todo lo que estuviera en su mano para que el profesor no sufriera daños. También Bullit habló personalmente con el embajador alemán en Francia, señalándole lo inconveniente que sería para las relaciones de los dos países que Sigmund Freud recibiera cualquier tipo de maltrato en Viena. Hay además un testimonio que, de ser cierto, debió de constituir un argumento de peso para que el viejo profesor no fuera afectado durante esos primeros meses de represión nazi. Según Eduardo Weiss, amigo personal de Benito Mussolini, el mismísimo Duce intercedió ante Hitler para que la figura del profesor fuera respetada.

Pese a estas acciones, nadie pudo evitar que el 15 de marzo de 1938 un grupo de soldados saqueara la casa del profesor. Jones, que esa misma mañana había llegado a Viena, se encontró a su llegada a la Bergasse, 19 con un grupo de «camisas pardas» de las S.A. correteando por el hogar de los Freud en busca del dinero de la familia. Anna tuvo que entregarles los seis mil chelines que contenía la caja blindada de la Bergasse, 19 para calmarles. Martha, por su parte, tras depositar sobre la mesa de la cocina todo el dinero del que disponía para afrontar los gastos de la casa, dijo en un comentario de irónica y surrealista cortesía: «¿No quieren los señores servirse algo?». Según Jones, sólo la aparición de la sombría y silenciosa figura de Sigmund Freud, que miró a los soldados con una mirada inquietante y turbadora, consiguió que los «camisas pardas» abandonaran definitivamente la casa.

Mientras la angustia y la inseguridad asaltaban el hogar del profesor, Ernest Jones, tras una serie de movimientos por diferentes despachos británicos, consiguió de sir Samuel Hoare, el secretario del Interior británico, «carta blanca» para rellenar los permisos que se necesitaban para que Freud, familiares, servidores y discípulos pudieran alojarse en Inglaterra. Fue mucho más difícil obtener el visado de salida que debía dispensarles el Gobierno alemán. Las negociaciones con los nazis fueron lentas, difíciles y, en algunos momentos, hondamente desesperantes; incluso una mujer tan valiente y enérgica como Anna Freud llegó a formular a su padre, en un momento en el que parecía que los alemanes jamás iban a permitirles la huida del país, la siguiente pregunta: «¿Y no sería mejor que nos suicidáramos?». Freud se negó rotundamente a la proposición de la hija.

Lo que interesaba realmente a los nazis era el dinero que supuestamente guardaba el profesor. Exigían que éste les abonase el «Impuesto por desertar del Reich», una altísima cantidad que Freud sólo podría pagar gracias a la inestimable ayuda de Marie Bonaparte. El acto de la adinerada amiga permitiría a Freud escapar, junto a sus familiares y amigos, de una más que probable muerte en los campos de concentración germanos. No corrieron la misma suerte las hermanas de Freud (todas menos Anna, que en esos momentos vivía en los Estados Unidos junto a su marido Eli Bernays) que, envejecidas y débiles, morirían pocos años después en los campos de Auschwitz y Theresienstadt.

Freud pudo así partir hacia Inglaterra para «morir en libertad» («Dos esperanzas —escribiría a su hijo Ernst— me mantienen en estos tiempos tan miserables: volver a veros y morir en libertad»). Le quedaría aún una última formalidad para escapar del terror nazi. El día 2 de junio, cuando la familia estaba a punto de abandonar el país, miembros de la Gestapo asaltaron al profesor y le obligaron a firmar la siguiente declaración:

> *Yo, profesor Freud, confirmo por la presente que después del* Anschluss *de Austria al Reich de Alemania, he sido tratado por las autoridades germanas, y particularmente por la Gestapo, con todo el respeto y la consideración debidos a mi reputación científica; que he podido vivir y trabajar en completa libertad, así como proseguir mis actividades en todas las formas que deseara; que recibí pleno apoyo de todos los que tuvieron intervención en este respecto, y que no tengo el más mínimo motivo de queja.*

Poco después, Freud comentaría que había incluido en el papel una frase de sutil ironía: «Puedo recomendar a la Gestapo a cualquiera». Sin embargo, el valiente acto parece formar parte de la leyenda que acompañó al profesor. Cuando décadas después se encontró el papel original donde Freud había depositado su firma, se descubrió que la atrevida frase no figuraba por ninguna parte.

La llegada a Londres revitalizó el espíritu del profesor. Desde el coche de Jones, preso de un entusiasmo casi juvenil, Freud miraba ávidamente de derecha a izquierda, fijándose en los edificios que veía a su paso para identificárselos a su esposa Martha. Después de alojarse temporalmente en el 39, Elsworthy Road y en el Esplanade Hotel de Warrington Crescent, Freud se trasladó el 16 de septiembre a una casita con jardín situada en Maresfield Gardens, 20. En Inglaterra Freud pudo disfrutar como nunca antes de las ventajas e inconvenientes de la popularidad; aduladores, cazaautógrafos, representantes de asociaciones culturales y ciudadanos curiosos se agolpaban a las puertas de su casa; desconocidos le mandaban flores, dulces, mensajes de bienvenida e incluso, sabedores de que su gran colección aún se hallaba en poder de los nazis, valiosas antigüedades. Los ingleses trataron a Freud con tal afecto que el enfermo y envejecido profesor intentó corresponderles con sus mejores sentimientos: «Esta Inglaterra (...) es (...) un bendito país, habitado por personas buenas y hospitalarias. Al

167

menos, tal es la impresión que me ha dejado las primeras semanas. No puede recogerse en palabras la cordialidad de la acogida que nos dispensaron y sería preciso decir que nos ensalzaron en alas de una psicosis popular». El ambiente casi idílico de los paisajes ingleses originó un comentario ciertamente solipsista del profesor: «Lo deleitoso de cuanto nos rodea —diría en una carta dirigida a Max Eitingon— casi me impulsa a gritar "Heil Hitler"».

Entre los muchos homenajes que diferentes asociaciones dispensaron al profesor durante los últimos años de su vida hubo uno que le causó especial satisfacción. En 1935 ya había recibido «el alto honor de ser admitido por unanimidad de votos como miembro honorario la Royal Society of Medicine», pero ahora, en Inglaterra, el profesor recibió una grata distinción: la Sociedad, haciendo una excepción con sus reglas, mandó a tres insignes secretarios con el libro de la Sociedad en junio de 1938 hasta la casa del profesor (que en esos momentos se encontraba demasiado débil para trasladarse hasta la sede de la asociación) para que éste pudiera firmar en él. A Freud le enorgullecía enormemente formar parte de un libro en el que habían estampado su firma personajes de la talla de Newton o Darwin. «¡Buenas compañías!», diría orgullosamente el profesor.

Entre los personajes ilustres que durante estos años le visitaron (como, por ejemplo, el escritor H.G. Wells, la escritora Virginia Woolf o el antropólogo Malinowski) destaca la figura de Salvador Dalí. El profesor estaba convencido de que el inconsciente nunca podría ser plasmado pictóricamente, pero la visita del joven español le dejó sumamente impresionado. Puede que fuera el único pintor entroncado con el surrealismo (aunque Dalí rechazara el término para autonombrarse «daliniano») que logró el respeto de Freud. Al día siguiente de su visita, escribiría a Stefan Zweig: «Hasta ahora me sentía inclinado a considerar a los surrealistas, que, al parecer, me han elegido por su santo patrón, como chiflados incurables (...) El joven español, sin embargo, con sus ojos cándidos y fanáticos y su indudable maestría técnica, me ha hecho reconsiderar mi opinión».

Resulta paradójico que una obra tan racionalista como la de Freud sirviera de alimento a tantos poetas, pintores, escritores y

168

artistas. Hacía casi dos décadas que las obras completas de Freud, prologadas por el insigne Ortega y Gasset, se habían publicado en España. Las perspectivas abiertas con la obra encandilaron a un buen grupo de jóvenes que abrazaron entusiasmados las teorías freudianas. Dalí, que había conocido la obra de Freud durante su estancia en la Residencia de Estudiantes de Madrid, siempre consideró que *La interpretación de los sueños* había sido una de las lecturas más decisivas de su vida artística y no perdió la ocasión de conocer a ese hombre que tanta relevancia había tenido sobre él. La visita llevó a Dali a pintar un retrato de Freud en el que el cráneo de su héroe se representaba como un caracol.

Ni siquiera en esos años de enfermedad y desolación pudo Freud renunciar al trabajo. Aún se atrevía a analizar a cinco pacientes diarios, mientras redactaba, aunque de forma interrumpida, su libro *Moisés y la religión monoteísta*. En la obra, escrita entre 1933 y 1938, el profesor pretendía demostrar que la religión era el fruto de la neurosis colectiva de la humanidad:

> *Hace unos años comencé a preguntarme cómo el pueblo hebreo había adquirido su específico carácter, y, siguiendo mi habitual costumbre, me remonté a los principios (...) Me quedé asombrado al percatarme de que ya la primera experiencia de la raza embrionaria, por así decirlo —y me refiero a la influencia de Moisés y el éxodo de Egipto—, había condicionado todo el desarrollo posterior hasta nuestros días, como un trauma infantil en el historial de un individuo neurótico.*

El carácter ahistórico del libro, plagado de argumentos difícilmente sostenibles, levantó sonoras protestas entre los círculos judíos y cristianos. En él, el viejo profesor afirmaba que Moisés había sido realmente un egipcio (y no un israelita) que había intentado transmitir a los judíos el culto a Atón que el faraón Amenofis IV había impuesto en Egipto a mitad del segundo milenio antes de Cristo. Freud se basaba para el cuerpo del texto en una teoría de Ernst Selling que afirmaba que los israelitas habían asesinado a Moisés poco después de que éste les hubiera ayudado a escapar del

Faraón. Freud consideraba que este acto terrible y vil había ocasionado en el pueblo hebreo una huella de culpabilidad que habría arrastrado hasta el momento presente. El profesor extendía también su cruda crítica a todas las religiones, ya que consideraba que todas tenían las mismas raíces y motivaciones. Paradójicamente, pese a ser una de sus obras más discutibles (aunque desarrolló una sorprendente labor de investigación, se basó en hipótesis difícilmente sostenibles), Freud cosechó un impresionante éxito con ella.

El 8 de septiembre de 1938, con las sombras de la Segunda Guerra Mundial perfilándose en el ambiente, Pichler operó al profesor por trigésimo segunda vez. La intervención, en la que el cirujano se vio obligado a cortar la mejilla para poder alcanzar la zona afectada por el cáncer, fue posiblemente la más radical, angustiosa y desagradable de todas a las que se había sometido, con la excepción, tal vez, de aquella que tuvo que realizarse en septiembre de 1923 para acabar con el tumor de raíz.

A principios de 1939 Freud ya era un hombre gravemente enfermo. Ese verano dejó de tratar pacientes. En septiembre, mientras Hitler invadía Polonia y se iniciaba la Segunda Guerra Mundial, su estado empeoró. Pasó sus últimos días de libertad en su estudio, observando el jardín desde su ventana, acunándose suavemente en su mecedora. El 21 de septiembre, semiinconsciente, cansado y dolorido, recordó a Max Schur esa conversación que habían llevado a cabo durante su primera reunión y que los dos hombres habían sellado con un apretón de manos. Pidió antes al doctor que hablara con su hija, para que ella apoyara también la decisión definitiva. Después de algunas resistencias, Anna acató los consejos del doctor. Ese mismo día Max Schur inyectó la primera de las tres dosis que sumirían al profesor en un dulce sueño. Freud fallecería dos días después, el 23 de septiembre de 1939, tras enfrentarse a la muerte con envidiable frialdad. Había interpretado el gran papel de héroe estoico y resignado que acababa lanzando a sus únicos dioses, los de la razón, las proclamas de su muerte. Dejaba tras de sí un legado que le permitía, por fin, alcanzar esa inmortalidad a la que siempre había aspirado, la única en la que creía, la de las gestas de los hombres que inscriben su nombre para siempre en la historia de la humanidad.

CRONOLOGÍA

1856 — El 6 de mayo, en el número 117 de la Schlossergasse
      en Freiberg (Moravia, actual República Checa),
      nace Sigmund Freud
      — Publicación de *Madame Bovary* de Gustave
      Flaubert. Descubrimiento de los restos fósiles del
      Hombre de Neandertal.

1859 — Jakob y Amalia, los padres de Sigmund, se trasladan
      junto a sus hijos a Leipzig.
      — El reino de Piamonte-Cerdeña expulsa a los Habsburgo
      de la península italiana. Surge el reino de Italia.
      Publicación de *El origen de las especies*, de Charles
      Darwin. Publicación de *Contribución a la crítica de la
      economía política,* de Karl Marx.

1860 — Tras comprobar que los negocios no se desarrollan
      según lo esperado, la familia Freud decide instalarse
      en Viena. Ocuparán una casa en el barrio judío de
      Pfeffergasse.
      — Abraham Lincoln, presidente de los Estados Unidos.
      Expedición de los Mil Camisas Rojas de Garibaldi.
      Speke y Grant llegan a las fuentes del Nilo.
      Nacimiento de Gustav Mahler.

1861 — Inicio de la guerra de secesión norteamericana.
      Abolición de la servidumbre en Rusia.

1862 — Bismarck se convierte en canciller de Prusia. Guerra de
      México. Abolición de la esclavitud en los Estados
      Unidos. Publicación de *Los miserables* de Victor Hugo.

1864 — Constitución de la I Internacional (AIT) en Londres.
      Su principal impulsor es Karl Marx. Publicación de
      Guerra y paz, de León Tolstoi. Nace Max Weber.

1865	— Sigmund Freud inicia sus estudios en el Sperl Gymnasium (instituto de enseñanza secundaria).
	— Fin de la guerra de secesión en los Estados Unidos. John Wilkes Booth asesina a Abraham Lincoln durante una representación teatral.
1866	— Estalla la guerra austro-prusiana. Derrota de Austria en la batalla de Sadowa frente a Prusia. Italia ocupa Venecia. Publicación de *Crimen y castigo,* de Dostoiewski.
1867	— El emperador Francisco José se ve obligado a pactar con Hungría para constituir el Imperio austrohúngaro (Monarquía Dual). Publicación del primer volumen de *El capital,* de Karl Marx. Nobel inventa la dinamita.
1868	— Triunfo de la Revolución Meiji en Japón. Fin del shogunato Tokugawa. Descubrimiento de restos prehistóricos del Hombre de Cromagnon. Triunfo de «La Gloriosa» en España: Isabel II finaliza su reinado.
1869	— Se abre el canal de Suez. Nace Mahatma Gandhi.
1870	— Proclamación de la III República francesa. Publicación de *Principios de psicología,* de H. Spencer. Francia declara la guerra a Alemania. El ejército italiano entra en Roma. Nace Vladimir Ilich Ulianov (Lenin).
1871	— Se proclama en el Salón de los Espejos del Palacio de Versalles el Segundo Imperio Alemán. Comuna de París.
1872	— Se disuelve la AIT.
1873	— Sigmund Freud se gradúa en el Sperl Gymnasium con la distinción de *Summa cum laude.* Ese mismo año ingresa en la Facultad de Medicina de la Universidad de Viena.
	— Se produce la primera crisis económica mundial del capitalismo. Termina en España el reinado de Amadeo I de Saboya y se proclama la I República.
1875	— Primer viaje de Freud a Inglaterra. Allí se encuentra con sus hermanastros Emmanuel y Philipp.

- Nacimiento de Carl Gustav Jung en Kesswil. Fundación del Partido Socialdemócrata Alemán. Nacimiento de Thomas Mann.

1876 — Freud entra en el laboratorio de investigación de Carl Claus. Consigue una beca para investigar en Trieste la posible existencia de una estructura gonádica en las anguilas. Conoce a Ernst von Fleischl-Marxow, que se convertirá en uno de sus mejores amigos.

- Disolución de la AIT.

1879 — Freud cumple con las obligaciones del servicio militar.

- Wener von Siemens construye la primera locomotora eléctrica. Edison inventa la lámpara eléctrica. Nace Albert Einstein.

1881 — El 30 de marzo Freud supera su último examen. Obtiene la calificación de «excelente».

- Lou-Andreas Salomé, Paul Rée y Nietzsche entablan amistad. Asesinato del zar Alejandro II.

1882 — Freud conoce a Martha Bernays, su primera y única novia, con quien se compromete en secreto dos meses después del primer encuentro. Abandona el laboratorio de Brucke y entra a trabajar como cirujano en el Hospital General de Viena, donde, tras trabajar en varios departamentos, consigue entrar en Medicina Interna junto al prestigioso Herman Nothnagel. En los dos últimos años Freud se ha interesado el caso de Anna O., una histérica tratada por otro de sus más íntimos amigos, Josef Breuer, que ha utilizado con ella el «método catártico», el auténtico precedente del método psicoanalítico freudiano.

- Publicación de la primera parte de *Así habló Zaratustra*, de Friedrich Nietzsche. Constitución de la Triple Alianza entre Alemania, Austria-Hungría e Italia. Gran Bretaña ocupa Egipto. Koch descubre el bacilo de la tuberculosis. Nacen James Joyce y Virginia Woolf.

1883 — Freud es designado *sekundarazt*. Entra a trabajar en la clínica de Meynert.

173

- El ingeniero alemán Gotlieb Daimler inventa el primer motor de explosión.

1884 — Freud comienza a estudiar las posibles aplicaciones médicas de la cocaína. Carl Koller, uno de sus compañeros de trabajo, se le adelanta a la hora de comunicar el hallazgo al mundo.

- Se inicia la Conferencia de Berlín, promovida por Alemania y Francia, en la que participan un buen número de países europeos para organizar el reparto de África.

1885 — Freud consigue el título de *privatdozent*. Viaja a París para aprender neurología bajo la tutela del profesor Charcot. Allí Freud queda ensimismado por su metodología y decide adoptar sus enseñanzas sobre histeria e hipnosis.

1886 — Freud viaja a Berlín para continuar con sus estudios. Los días 13 y 14 de septiembre contrae matrimonio con Martha Bernays. La pareja se establece en el número 5 de Maria Theresientrasse.

- Construcción del primer automóvil con motor a gasolina.

1887 — El 16 de octubre nace Mathilde, la primera hija de Freud. «Es terriblemente fea», dice su padre. Freud conoce a Wilhelm Fliess, que se convertirá en el amigo más importante de su vida.

1889 — El 6 de diciembre nace Martin, el primer hijo de Freud.

- Se constituye la II Internacional, en París. Se construye la Torre Eiffel. Adolf Hitler nace en Braunau am Inn.

1890 — Bismarck dimite como canciller de Alemania.

1891 — El 19 de febrero nace Oliver, el segundo hijo de Freud. La familia, por problemas de espacio, se traslada a una casa situada en el número 19 de la Bergasse. Publicación de *Estudios sobre la afasia*, primer libro de Freud. También publica una monografía dedicada a la parálisis unilateral en los niños.

- Publicación de la encíclica *Rerum Novarum* de León XIII.

1892 — El 16 de abril nace Ernst, el tercer hijo de Freud.

1893	— El 12 de abril nace Sophie, la segunda hija de Freud.
	— Rudolf Diesel inventa el motor diésel.
1894	— Guerra chino-japonesa. Nicolás II inicia su reinado en Rusia. Se inicia el «affaire Dreyfuss» después de que el capitán Dreyfus, de origen judío, sea condenado a cadena perpetua por espionaje.
1895	— Publicación de *Estudios sobre la histeria*, en colaboración con Josef Breuer, donde Freud mostrará sus primeras teorías psicoanalíticas. Fliess opera insatisfactoriamente a Emma Beckstein. La noche del 24 de julio Freud tiene el famoso «sueño de la inyección de Irma», que pasará a la historia por ser el primer sueño interpretado íntegramente por él. El 3 de diciembre nace Anna, la tercera hija de Freud.
	— Los hermanos Lumière proyectan la primera película de cine. W. Röntgen descubre los rayos X. Muere Friedrich Engels.
1896	— El 23 de octubre fallece Jakob Freud. La separación con Breuer cada vez es más palpable. Freud se sumerge en el autoanálisis para buscar una respuesta a sus estados depresivos.
	— Se celebran en Atenas los primeros Juegos Olímpicos de la era moderna.
1898	— Se produce el incidente colonial de Fachoda, que sitúa a Reino Unido y a Francia al borde de la guerra. Derrota española frente a los Estados Unidos en la guerra de la independencia cubana. España pierde sus últimas colonias. Pierre y Marie Curie descubren el radio.
1899	— En noviembre se publica *La interpretación de los sueños*, una de las obras básicas de Sigmund Freud.
	— Elster y Geitel comprueban que la radiactividad es consecuencia de la desintegración del átomo.
1900	— Se produce una desagradable discusión entre Freud y Fliess en Achensee que causará graves fisuras en su hasta entonces inquebrantable amistad.
	— Se reconoce la teoría de la genética de Gregor Mendel. El 25 de agosto muere Nietzsche. Karl Landsteiner

descubre los grupos sanguíneos. Max Planck construye su teoría de los quanta. Ferdinand von Zeppelin construye el dirigible que llevará su mismo nombre.

1901 — Freud consigue superar su temor a viajar a Roma y pone el pie por primera vez en la ciudad. Queda prendado del *Moisés* de Miguel Ángel.

— Tras el asesinato de William McKinley, Teddy Roosevelt se convierte en presidente de los Estados Unidos. Fallece la reina Victoria de Inglaterra.

1902 — Primeras reuniones de la Sociedad Psicológica de los Miércoles. Los pioneros son Max Kahane, Alfred Adler, Wilhelm Stekel y Rudolf Reitler. Poco después llegan Sandor Ferenczi y Otto Rank. Ruptura definitiva de las relaciones entre Freud y Fliess.

— Publicación de *El perro de los Baskerville*, de sir Arthur Conan Doyle. Publicación de *El corazón de las tinieblas*, de Joseph Conrad. Los británicos vencen al ejército de los Boers

1903 — Panamá se subleva contra Colombia y logra la independencia. Accede a la Presidencia de Uruguay José Batlle.

1904 — Publicación de *Psicopatología de la vida cotidiana*.

— Publicación de *Ética protestante y espíritu del capitalismo*, de Max Weber. Torpederos japoneses atacan la flota rusa.

1905 — Publicación de *El chiste y su relación con el inconsciente* y de *Tres ensayos sobre la teoría de la sexualidad*.

— Albert Einstein enuncia su famosa Teoría de la Relatividad. Robert Koch, descubridor de la tuberculosis, recibe el Premio Nobel. Publicación de *Cantos de vida y esperanza*, de Rubén Darío. Fallecimiento de Julio Verne. «Domingo sangriento» en Rusia después de que el ejército dispare contra los manifestantes. Estalla en Rusia una revolución que obliga a Nicolás II a realizar una serie de concesiones. Fin de la guerra ruso-japonesa.

1906	— Se inicia la correspondencia entre Carl Gustav Jung y Sigmund Freud.

1906 — Se inicia la correspondencia entre Carl Gustav Jung y Sigmund Freud.

— Terremoto de San Francisco, de intensidad 9 en la escala de Ritcher. Muere Paul Cézanne.

1907 — Carl Gustav Jung y Max Eitingon viajan a Viena para conocer a Freud. También llegan Karl Abraham y Sandor Ferenczi.

— Publicación del estudio de la *Gradiva* de Wilhelm Jensen. Nace el cubismo; Pablo Picasso pinta *Las señoritas de Aviñón*. Rudyard Kipling (*El libro de la selva*) recibe el Premio Nobel de Literatura. Hitler se traslada a Viena, donde vivirá los siete años siguientes.

1908 — La Sociedad Psicológica de los Miércoles pasa a ser la Sociedad Psicoanalítica de Viena. El 26 de abril se realiza en Salzburgo el primer Congreso de la Sociedad.

— Se descubre en Austria la *Venus de Willendorf*. La Ford presenta su coche T.

1909 — Mathilde Freud se casa con Robert Hollitzcher. Freud viaja a Estados Unidos, invitado por Stanley Hall, presidente de la Clark University, Worcester, Massachusetts, para presentar el psicoanálisis al público americano. Se concede a Freud y a Jung el título de doctores *honoris causa*. Se publica la historia clínica de «El pequeño Hans».

— Richard Strauss estrena *Electra* en Alemania. Paul Ehrlich descubre el remedio contra la sífilis. Robert E. Peary conquista el Polo Norte.

1910 — II Congreso Psicoanalítico Internacional, celebrado en Núremberg. Publicación de *Un recuerdo infantil de Leonardo da Vinci*. Freud vuelve a viajar a Italia, con Ferenczi.

— Mueren los escritores Mark Twain y León Tolstoi. Derrocamiento del presidente Díaz. Se inicia la revolución mexicana.

1911 — III Congreso Psicoanalítico Internacional, celebrado en Weimar. Alfred Adler rompe con Freud. Primera disidencia importante en el seno de la Sociedad.

177

Fundación de la revista *Imago*. Fundación del Comité, sociedad interna formada por los discípulos más fieles a Freud.

— Muere el compositor austriaco Gustav Mahler. Descubrimiento de las ruinas de Machu Picchu en Perú. Emiliano Zapata promulga el Plan de Ayala.

1912 — Stekel rompe con Freud.

— Publicación de *Transformaciones y símbolos de la libido,* de Carl Gustav Jung. Hundimiento del *Titanic.* Woodrow Wilson se convierte en presidente de los Estados Unidos. Se descubre en Tell al-Armana el busto de Nefertiti. Muere en la Antártida la expedición al completo de Robert Scott.

1913 — Publicación de *Tótem y tabú.* IV Congreso Psicoanalítico Internacional, celebrado en Múnich. Jung rompe con Freud. Primera reunión del Comité. Se casa Sophie, la hija de Freud, con Max Halberstadt.

— Rabindranath Tagore recibe el Premio Nobel de Literatura.

1914 — Freud publica *Historia del movimiento psicoanalítico, Introducción al narcisismo* y el ensayo dedicado al *Moisés* de Miguel Ángel.

— El archiduque Francisco Fernando es asesinado en Sarajevo. El suceso se convierte en el detonante de la Primera Guerra Mundial. Martin y Ernst, sus hijos, se alistan en el ejército de las potencias centrales. Freud declara también su atracción por el bando alemán.

1915 — Freud comienza a perder la fe en el bando de las potencias centrales tras las primeras problemáticas surgidas tras la guerra. Comienza a escribir una serie de ensayos dedicados a la metapsicología.

— Estreno en Estados Unidos de *El nacimiento de una nación.*

1916 — Muerte de Francisco José I. Primera reunión de Gandhi y Nehru. Asesinado el monje Rasputín por familiares del zar.

1917 — En Rusia triunfa la Revolución bolchevique dirigida por Lenin. Derrocamiento del zar. Estados Unidos entra en la Primera Guerra Mundial a la par que Rusia se declara neutral. Ejecución de Mata Hari en Francia, acusada de espionaje. Constitución mexicana.

1918 — V Congreso Psicoanalítico Internacional, celebrado en Budapest. Representantes de diferentes gobiernos interesados en el estudio de las neurosis de guerra comienzan a tener en cuenta la metodología freudiana.

— Finaliza la guerra y se desintegra el Imperio austro-húngaro. Muere el pintor austriaco Gustav Klimt. Proclamación de la República alemana en Berlín. Abdicación del káiser Guillermo II. Publicación de *A la sombra de las muchachas en flor*, de Marcel Proust (segunda parte de *En busca del tiempo perdido*).

1919 — Gracias a las donaciones económicas de Anton von Freund, se funda la Internationaler Psychoanalytischer Verlag, destinada a la difusión de textos psicoanáliticos afines al movimiento freudiano. Martin Freud, prisionero de los italianos desde el fin de la guerra, es liberado y regresa a Viena sano y salvo. Nace Heinz Rudilf, nieto de Freud. Freud es nombrado profesor de la universidad, aunque nunca llegará a impartir clases.

— El 28 de junio se firma el Tratado de Versalles entre los aliados y Alemania. Friedrich Ebert se convierte en presidente de la República alemana. Asesinato de Emiliano Zapata.

1920 — Freud publica *Más allá del principio de placer*. En enero de 1920 muere Sophie, la hija de Freud. Berlín se convierte en la capital del psicoanálisis freudiano tras la inauguración de la Policlínica de Berlín. Nacimiento de Anton y Stephen, nietos de Freud. VI Congreso Psicoanalítico Internacional, en La Haya.

— Publicación de *Luces de Bohemia*, de Ramón de Valle-Inclán. Nueva Constitución de la I República austriaca.

1921 — Freud publica *Psicología de las masas y análisis del yo*.

— Fundación del Partido Comunista chino de Mao Tsé Tung.

1922 — VII Congreso Psicoanalítico Internacional, en Berlín. Anna Freud ingresa en la Sociedad Psicoanalítica de Viena. Nacimiento de Lucian Michael, hijo de Ernst.

— Howard Carter descubre la tumba de Tutankhamón. Mussolini y los camisas negras marchan sobre Roma el 28 de octubre e instauran el fascismo en Italia. Albert Einstein es galardonado con el Premio Nobel de Física. Publicación de *Ulises* de James Joyce.

1923 — Primeros síntomas del cáncer de mandíbula de Freud. En abril se somete a la primera operación de las treinta y tres que habrá de realizarse por culpa de esta enfermedad. Muere Heinz Rudolf, el nieto favorito de Freud. En octubre se somete a dos dolorosas operaciones, y en noviembre a dos intervenciones más. Publicación de *El «Yo» y el «ello»*.

— Publicación de *Elegías a Duino*, de Rainer Maria Rilke. Tropas francesas y belgas ocupan el Ruhr para obligar a Alemania al cumplimiento de las reparaciones de guerra. Golpe de Estado fallido de Hitler en Alemania (*Putsch* de la cervecería). En España triunfa el golpe de Primo de Rivera.

1924 — Nacimientos de Clemens Raphael, hijo de Ernst; Eva Mathilde, hija de Oliver; y Miriam Sophie, hija de Martin. VIII Congreso Psicoanalítico Internacional, en Salzburgo, al que el profesor no podrá acudir por culpa de su enfermedad.

— Stalin sucede a Lenin en el Gobierno ruso tras la muerte del último. George Gershwin estrena *Rapsodia azul*. Gandhi inicia una huelga de hambre que durará más de tres semanas. Publicación de *La montaña mágica*, de Thomas Mann.

1925 — Publicación de la *Autobiografía* de Freud. Fallecimiento de Josef Breuer. Fallecimiento de Karl Abraham. IX Congreso Psicoanalítico Internacional, en Hamburgo. Freud tampoco podrá asistir en esta ocasión.

- El mariscal Paul von Hindenburg es elegido presidente de Alemania.
- Publicación de *El gran Gatsby,* del escritor F. Scott Fitzgerald.
- Publicación de *El proceso,* de Kafka. Publicación del primer volumen de *Mein Kampf,* de Adolf Hitler.

1926 — Freud conoce a Einstein. Publicación de *La cuestión del análisis profano* y de *Inhibición, síntoma y angustia.*
- Fallece a los 86 años Claude Monet. Fallece Rainer Maria Rilke. Se estrena la película *Metrópolis*, de Fritz Lang

1927 — Publicación de *El porvenir de una ilusión.*
- Los anarquistas Sacco y Vanzetti son ejecutados en la silla eléctrica en Estados Unidos acusados de un delito que no habían cometido.

1928 — Publicación de *Dostoyevsky y el parricidio.*
- Alexander Fleming descubre la penicilina. Puesta en marcha del primer plan quinquenal de la URRS. Carl Gustav Jung publica *Las relaciones entre el yo y el inconsciente.*

1929 — Publicación de *El malestar en la cultura.*
- *Crack* de la bolsa de Nueva York.

1930 — Freud recibe el Premio Goethe. Fallecimiento de Amalia Nathanson, la madre de Freud, a los noventa y cinco años de edad. Continúan las operaciones quirúrgicas.

1931 — La celebración del septuagésimo quinto aniversario da buena cuenta de la fama que ha alcanzado Freud.
- Se proclama en España la II República. Alfonso XIII abandona el país.

1932 — Freud rompe con su viejo discípulo y amigo Sandor Ferenczi. Se somete a cinco operaciones quirúrgicas.
- Publicación de *Un mundo feliz*, de Aldous Huxley. Franklin D. Roosevelt es elegido en noviembre presidente de los Estados Unidos. Se inicia la guerra del Chaco Paraguayo.

1933 — Se queman las obras completas de Freud en la Opernplatz de Berlín. Fallecimiento de Sandor Ferenczi.

— El 30 de enero Hindenburg nombra canciller de Alemania a Hitler. Los nazis pasan a controlar la Sociedad Alemana de Psicoterapia. C.G. Jung se convierte en su presidente. Engelbert Dollfus, canciller austriaco, disuelve el Parlamento y comienza a gobernar por decreto. Estreno de *Bodas de sangre* en España, de Federico García Lorca.

1934 — Mueren Ramón y Cajal y Marie Curie. En Austria el Gobierno de Dollfus aplasta la oposición socialista y acaba con los grupos políticos contrarios a su gobierno. Dollfus es asesinado durante el *Putsch* nazi de julio y Kurt von Schuschnigg, uno de sus más acérrimos partidarios, le sucede.

1935 — Freud se convierte en miembro de honor de la Royal Society Of Medicine.

— Muere en Colombia Carlos Gardel en un accidente de aviación.

1936 — Con motivo de su ochenta cumpleaños, Freud recibe una visita de Thomas Mann con un texto de homenaje firmado por los más destacados intelectuales de la época (H.G. Wells, Pablo Picasso, Salvador Dalí, Jules Romain, Virginia Wolf...). Freud se somete a nuevas operaciones.

— Se inicia en España la sangrienta Guerra Civil española. Mueren Federico García Lorca, Miguel de Unamuno y Ramón del Valle-Inclán. Se establece el Eje Roma-Berlín.

1937 — Publicación de *Análisis terminable e interminable*.

— Fallecimiento de Lou Andreas-Salomé. Fallecimiento de Alfred Adler. El presidente mexicano Lázaro Cárdenas ofrece su apoyo a los republicanos españoles. La Legión Cóndor bombardea Guernica.

1938 — Miembros de la S.A. y de la Gestapo registran el hogar de los Freud. Gracias al apoyo de discípulos (Ernest Jones, especialmente) y grandes personalidades (entre las que se encuentran Roosevelt y Marie Bonaparte). Freud obtiene el permiso de salida de los nazis. Freud y su familia, junto a su médico personal Max Schur y su criada Paula Ficht, llegan a Inglaterra después de hacer una pequeña escala en Francia. Freud es recibido a su llegada con grandes honores. El 23 de junio deposita su firma en el libro de la Royal Society. Publicación del último libro de Freud, el controvertido *Moisés y el monoteísmo*. Últimas operaciones.

— El 12 de marzo se produce la *Anschluss* entre Austria y Alemania. Hitler es recibido en Viena entre aplausos y vítores. El 29 de septiembre se celebra la conferencia de Múnich entre Italia, Alemania, Francia y Gran Bretaña con motivo de la ocupación alemana de la zona checa de los Sudetes; Francia y Gran Bretaña decidirán aceptar la ocupación para no desencadenar una guerra.

1939   — El estado de salud de Freud irá agravándose conforme pase el año. Sus amigos acuden a él para visitarle por última vez. Freud fallece en la medianoche del 23 de septiembre.

— Fin de la Guerra Civil española. Estallido de la Segunda Guerra Mundial tras la invasión alemana de Polonia (1 de septiembre). Mueren Antonio Machado y William Butler Yeats. Publicación de *Las uvas de la ira*, de John Steinbeck.

BIBLIOGRAFÍA

OBRAS DE SIGMUND FREUD

Las referencias de las obras de Sigmund Freud corresponden a la edición de FREUD, Sigmund: *Obras completas*, 3.ª ed., Biblioteca Nueva, 1972-1987, traducidas del alemán por Luis López-Ballesteros y de Torres; a quien el mismo Freud felicitó en 1923 por el buen trabajo que realizó con ellas: «Siendo yo un joven estudiante, el deseo de leer el inmortal *Don Quijote* en el original cervantino me llevó a aprender, sin maestros, la bella lengua castellana. Gracias a esta afición juvenil puedo ahora (...) comprobar el acierto de su versión española de mis obras, cuya lectura me produce siempre un vivo agrado por la correctísima interpretación de mi pensamiento y la elegancia del estilo». De las obras que aparecen en los nueve volúmenes que integran la edición se han empleado principalmente las siguientes:

— *Charcot* (1893).
— *Estudios sobre la histeria* (1895).
— *La etiología de la histeria* (1896).
— *La sexualidad en la etiología de las neurosis* (1898).
— *La interpretación de los sueños — Flectere si nequeo superos, acheronta movebo* (1899).
— *Psicopatología de la vida cotidiana* (1901).
— *Análisis fragmentario de una histeria (caso Dora)* (1901).
— *El chiste y su relación con lo inconsciente* (1905).
— *Tres ensayos para una teoría sexual* (1905).
— *La moral sexual «cultural» y la nerviosidad moderna* (1908).
— *Análisis de un caso de neurosis obsesiva (El hombre de las ratas)* (1909).

- *Psicoanálisis (cinco conferencias pronunciadas en la Clark University)* (1909).
- *Un recuerdo infantil de Leonardo da Vinci* (1910).
- *El empleo de la interpretación de los sueños en psicoanálisis* (1911).
- *La dinámica de la transferencia* (1912).
- *Recuerdo, repetición y elaboración* (1914).
- *Observaciones sobre el «amor de transferencia»* (1914).
- *Tótem y tabú* (1913).
- *El* Moisés *de Miguel Ángel* (1913).
- *Historia del movimiento psicoanalítico* (1914).
- *Historia de una neurosis infantil (El hombre de los lobos)* (1914).
- *Los instintos y sus destinos* (1915).
- *La represión* (1915).
- *Lo inconsciente* (1915).
- *Adición metapsicológica de la teoría de los sueños* (1915).
- *Duelo y melancolía* (1915).
- *Consideraciones de actualidad sobre la guerra y la muerte* (1915).
- *Lecciones introductorias al psicoanálisis* (1915-1917).
- *Una dificultad del psicoanálisis* (1917).
- *Un recuerdo infantil de Goethe en* Poesía y verdad (1917).
- *Los caminos de la terapia psicoanalítica* (1918).
- *Más allá del principio del placer* (1920).
- *En memoria de Anton von Freund* (1920).
- *Introducción al simposio sobre las neurosis de guerra* (1919).
- *Psicología de las masas y el análisis del yo* (1921).
- *El «yo» y el «ello»* (1923).
- *Autobiografía* (1924).
- *Inhibición, síntoma y angustia* (1925).
- *Análisis profano — (psicoanálisis y medicina) Conversaciones con una persona imparcial* (1926).
- *El porvenir de una ilusión* (1927).
- *El malestar en la cultura* (1929).
- *El porqué de la guerra* (1932).
- *En memoria de Sandor Ferenczi* (1933).

186

— *Moisés y la religión monoteísta* (1934-1938).
— *Los orígenes del psicoanálisis (Epistolario a Fliess)* (1887-1902).

FREUD, SIGMUND: *Epistolario I (1873-1890)*, 1.ª ed., Editorial Plaza & Janes, 1976.
— *Epistolario II (1891-1939)*, 1.ª ed., Editorial Plaza & Janes, 1976.
— *Escritos sobre la cocaína*, 2.ª ed., Anagrama, 1999 (410 págs.).
FREUD, SIGMUND y ABRAHAM, KARL: *Correspondencia*, 1ª ed., Gedisa, 1979 (435 págs.).
FREUD, SIGMUND y JUNG, CARL GUSTAV: *Correspondencia* 1.ª ed., Taurus, 1979 (682 págs.).
FREUD, SIGMUND y ZWEIG, ARNOLD: *Correspondencia* 1.ª ed., Gedisa, 1980 (197 págs.).
FREUD, SIGMUND y WEISS, EDUARDO: *Problemas de la práctica psicoanalítica: correspondencia de Freud-Weiss*, 1.ª ed., Gedisa, 1979 (105 págs.).

Freud y el psicoanálisis

ADORNO, T. W. y DIRKS, W.: *Freud en la actualidad ciclo de conferencias de las Universidades de Frankfurt y Heidelberg*, 1.ª ed., Barral, 1971, 574 págs.
ASSOUNT, PAUL LAURENT: *Freud: la filosofía y los filósofos*, 1.ª ed., Piados, 1982, 246 págs.
BETTELHEIM, BRUNO: *El peso de una vida: la Viena de Freud y otros ensayos autobiográficos*, 1.ª ed., Crítica, 1991 (242 págs.).
— *Freud y el alma humana*, 1.ª ed., Grijalbo, 1983, 157 págs.
BERTHELSEN, DETLEF: *La vida cotidiana de Sigmund Freud y su familia: recuerdos de Paula Fichtl*, 1.ª ed., Península, 1995, 245 págs.
BREGER, LOUIS: *Freud: el genio y sus sombras*, 1.ª ed., Ediciones B Argentina, 2001, 607 págs.
CLARK, RONALD W: *Freud: el hombre y su causa*, 1. ed., Planeta, 1985, 323 págs.

187

DADOUN, ROGER: *Freud*, 1.ª ed., Argos Vergara, 1984, 341 págs.

DONN, LINDA: *Freud y Jung: los años de amistad, los años perdidos,* 1.ª ed., Javier Vergara, 1990, 260 págs.

DUBCOVSKY, SANTIAGO: *La triple vida sexual de Sigmund Freud,* 1.ª ed., Muchnik, D.L. 1986, 215 págs.

FAGES, J. B.: *Historia del psicoanálisis después de Freud* 1.ª ed., Martínez Roca, D.L., 1978, 314 págs.

FROMM, ERICH: *Grandeza y limitaciones del pensamiento de Freud* 1.ª ed., Siglo XXI, 1979, 168 págs.

— *La misión de Sigmund Freud: su personalidad e influencia* 1.ª ed., Fondo de Cultura Económica, 1980, 124 págs.

GARDNER, HOWARD: *Mentes creativas: una anatomía de la creatividad vista a través de las vidas de: Sigmund Freud, Albert Einstein, Pablo Picasso, Igor Stravinsky, T.S. Eliot, Martha Graham, Mahatma Gandhi,* 1.ª ed., Paidós, 1995, 459 págs.

GAY, PETER: *Freud: una vida de nuestro tiempo,* 1.ª ed., Paidós, 1990, 917 págs.

ISRAËLS, HAN: *El caso Freud: histeria y cocaína,* 1.ª ed., Fondo de Cultura Económica, 2002, 306 págs.

JACCARD, ROLAND: *Freud el conquistador,* 1.ª ed., Ariel, 1985, 120 págs.

JONES, ERNEST: *Vida y obra de Sigmund Freud*; 1.ª ed. Anagrama, 1981 (3 volúmenes).

JUNG, CARL GUSTAV: *Recuerdos, sueños,* pensamientos, 7.ª ed., Seix Barral, 1994, 425 págs.

KOFMAN, SARA: *El enigma de la mujer: ¿con Freud o contra Freud?,* 1.ª ed., Gedisa, 1982, 250 págs.

MARKUS, GEORG: *Freud: el misterio del alma,* 1.ª ed., Espasa-Calpe, 1990, 329 págs.

MANN, THOMAS: *Schopenhauer, Nietzsche, Freud,* Alianza, 2000, 203 págs.

MILLER, JONATHAN: *Freud: el hombre, su mundo, su influencia / Dirección a cargo de Jonathan Miller,* 1.ª ed., Destino, 1977, 203 págs.

NEU, JEROME: *Guía de Freud / Compilación de Jerome Neu,* 1.ª ed., Cambridge University Press, 1996, 430 págs.

NYE, ROBERT, D.: *Tres psicologías: perspectivas de Freud, Skinner y Rogers*, 6.ª ed., Thomson, 2002, 182 págs.

PÉREZ-RINCÓN, Héctor: *El teatro de las histéricas: De cómo Charcot descubrió, entre otras cosas, que también había histéricos*, 1.ª ed., Fondo de Cultura Económica, 1998.

PESCH, EDGAR: *Síntesis del pensamiento de Freud*, 1.ª ed., Nova Terra, 1973, 184 págs.

RANK, OTTO: *El trauma del nacimiento*, 1.ª ed., Paidós, 1981, 194 págs.

ROAZEN, PAUL: *Cómo trabajaba Freud : comentarios directos de sus pacientes*, 1.ª ed., Paidos, 1998, 300 págs.

— *Freud y sus* discípulos, 1.ª ed., Alianza, 1978, 561 págs.

ROBERT, MARTHE: *La revolución psicoanalítica: la vida y la obra de Freud*, 1.ª ed., Fondo de Cultura Económica, 1966, 468 págs.

SCHUR, MAX: *Sigmund Freud: enfermedad y muerte en su vida y en su obra*, 1.ª ed., Paidós, 1980, 395 págs.

VÁZQUEZ FERNÁNDEZ, ANTONIO: *Freud y Jung: exploradores del inconsciente*, 1.ª ed. Cincel, 1986, 232 págs.

WEHR, GERHARD: *Carl Gustav Jung: su vida, su obra, su influencia*, 1.ª ed., Paidós, 1991, 522 págs.

General

BUBNER, RUDIGER: *La filosofía alemana contemporánea.* 1.ª ed., Cátedra, 1984, 268 págs.

CASANOVA, JULIÁN: *La historia social y los historiadores : ¿cenicienta o princesa?*, 1.ª ed., Crítica, D.L. 1991, 178 págs.

COPLESTON, FREDERICK: *Historia de la filosofía. VII: De Fichte a Nietzsche. VIII: De Bentham a Russell*, 3.ª ed., Ariel, 1982.

FERRATER MORA, JOSÉ: *La filosofía actual.* 3.ª ed., Alianza editorial, 1977, 208 págs.

FOUCAULT, MICHEL: *Historia de la locura en la época clásica*, 1.ª ed., Fondo de Cultura Económica, 1976, 2 volúmenes), 411 págs.

JACKSON, JULIAN: *Europa 1900-1945*, 1.ª ed., Editorial Crítica, 2003.

Lacomba, J. A.: *Historia contemporánea. I: De las revoluciones burguesas a 1914. II: El siglo XX, 1914-1980)*, 1.ª ed., Alhambra, 1982.

Kershaw, Ian: *Hitler*, 1.ª ed., Biblioteca Nueva, 2000, 274 págs.

— *Hitler: 1889-1936*, 1.ª ed., Península, 1999, 773 págs.

— *Hitler: 1936-1945*, 1.ª ed., Península, 2000, 1069 págs.

Peter, H. F.: *Lou Andreas-Salomé: mi hermana, mi esposa: una biografía*, 1.ª ed., Paidós, 1995, 334 págs.

Rorty, Richard: *Contingencia, ironía y solidaridad*, 1.ª ed., Paidós, 1991, 222 págs.

Ross, Werner: *Friedrich Nietzsche*, 1.ª ed., Paidós, 1994, 865 págs.

ÍNDICE

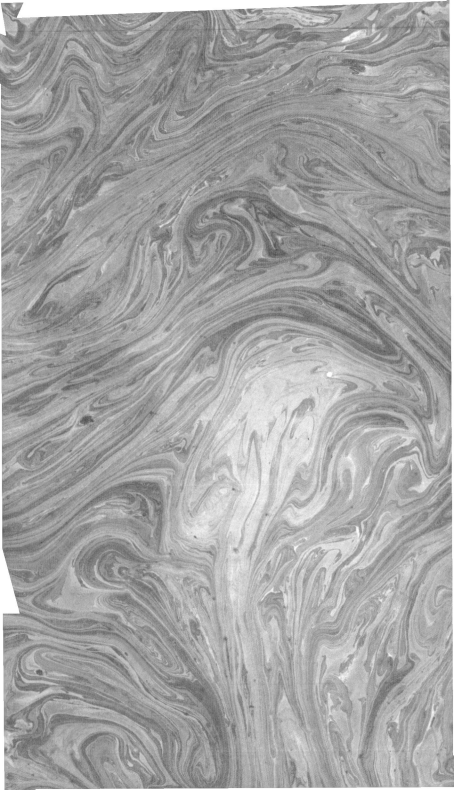